选车宝典

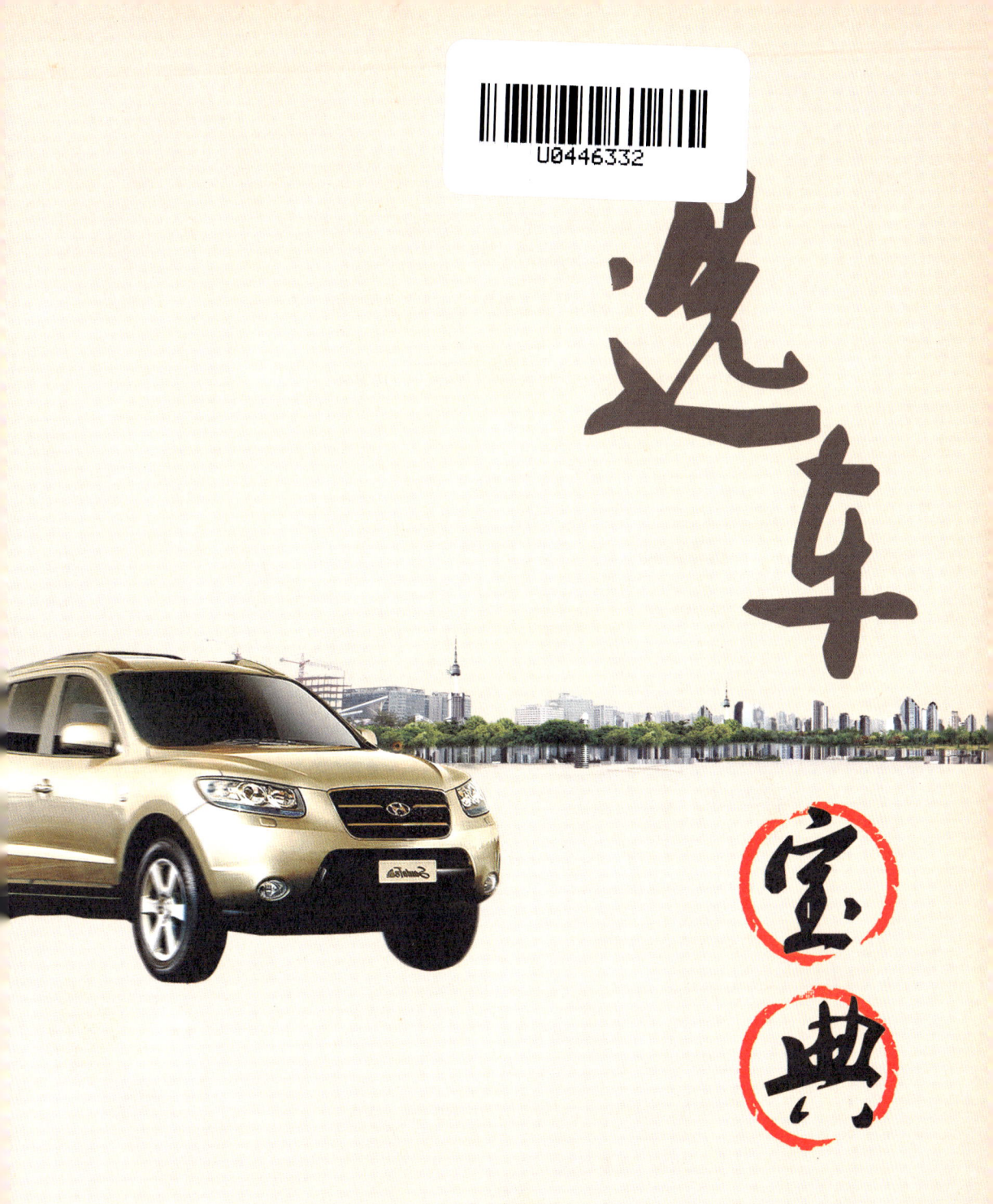

董易奇 ◎ 著

重庆出版集团 重庆出版社

图书在版编目(CIP)数据

选车宝典 / 董易奇著.—重庆：重庆出版社，2013.12
ISBN 978-7-229-07353-4

Ⅰ.选… Ⅱ.懂… Ⅲ.①汽车—选购—基本知识
Ⅳ.①F766

中国版本图书馆 CIP 数据核字（2013）第 310244 号

选车宝典
XUANCHE BAODIAN

董易奇 著

出 版 人：罗小卫
责任编辑：朱小玉
特约编辑：黎　黎
装帧设计：重庆出版集团艺术设计有限公司·蒋忠智

重庆出版集团
重庆出版社 出版

重庆长江二路 205 号 邮政编码：400016 http://www.cqph.com
重庆市圣立印刷有限公司印刷
重庆出版集团图书发行有限公司发行
E-MAIL:fxchu@cqph.com 邮购电话：023-68809452
全国新华书店经销

开本：889mm×1 290mm 1/16 印张：13 字数：260 千
2013 年 12 月第 1 次印刷
ISBN 978-7-229-07353-4
定价：38.00 元

如有印装质量问题，请向本集团图书发行有限公司调换：023-68706683

版权所有　侵权必究

作者简介

董易奇老师自1998年起，在国内外开展易经讲学，听其讲课的学员已达数万人之多，是第一位登上人民大会堂演讲易学文化的国际易学代表。董老师多次受邀出席国际、国内易学大会，在2000年出国讲学期间，被印尼雅加达美化自然基金会授予"易学奇才"称号，成为第六届世界易经大会学术顾问。

董老师运用其精湛的周易知识为数百家企业、楼盘、工业用地等进行风水选址、布局、命名，其中包括正佳广场新泰洋美食城、宏晟光电、和禧冶炼、广州喜然、云南妙士酷、北京博然时代等。风水环境调理、堪舆选址的知名企业包括颐和山庄、奔驰-梅赛德斯、祈福新村、珠江帝景、万科四季城等，同时被聘请为多家企业风水顾问。董先生主持了全国许多大型的房地产开发的风水勘测项目，在业界具有很高的知名度和权威。

2006年始，接受门户网站（新浪网）邀请，成为开创在线易学和风水专栏第一人；董易奇老师通过电视媒体和网络媒体，结合传统的易学理论和风水知识，以现代人可以接受的方式讲学，使无数企业和个人受益，国内外直接通过授课的形式向董老师学习周易和传统风水的学员更是不计其数。

鉴于董易奇老师在华南地区的知名度和在周易风水、企业命名等各方面取得的可喜成绩及在同行业中作出的卓越贡献，他被聘请为华南地区较有影响力的《南方都市报》宜居版高人指路主持人、《信息时报》风生水起栏目专家、《新快报》广州城市主色调易学专家顾问、《往来》杂志风生水起栏目特邀采访嘉宾、《粤港直通》杂志风水栏目主持人、北京《美好家园》杂志风生水起栏目专家、《中华名人》杂志特邀采访嘉宾、LUXRY《先生之友》园林规划点评专家。

董易奇

民俗文化专家

世界华人周易协会秘书长

南方电视台TVS-2《地产杂志》风水栏目主持人

南方电视台卫星频道《建筑物语》栏目主讲人

中国电视风水讲座第一人

易奇八字软件创始人

代表作有

《董易奇说易经》

《大师解读2010年生肖运程》

《居家风水》

《大师教你布吉宅》

《人生运程万年历》

序

在新事物不断涌现的今天，风水学似乎正在被运用到更多新的领域里面，当然，汽车也有风水学问。

汽车，在利欲澎胀之下的当今社会中，承载着中华5000年车马与车驾文化的踪迹。现代汽车文化的轮转与奔驰，所体现的是人类文明和社会和谐发展的众相。由此顺延，汽车文化中的吉祥含义在传统与现代、当今与未来的交织中蔓延。

随着我国经济的发展，拥有私家车的人也越来越多；另外，车辆增多，发生的交通事故也相对增加。因此，大家也逐渐认识到了汽车的风水。中国每年交通事故超过50万起，因交通事故死亡人数超过10万，占世界之首。统计数据表明，每5分钟就有一人丧身车轮，每1分钟都会有一人因为交通事故而伤残。每年因交通事故所造成的经济损失达数百亿元。

好多朋友问我，房子有风水，汽车有没有风水呢？其实万事万物都有一个自己的小太极，都有一定的灵气，我也是爱车一族，也开过各种车，但是相同的车有的人开就很顺利，有的人开就不知不觉出现各种小问题，如空调断气，漏水熄火等，为什么会不一样呢？大家想想，如果驾驶一辆效率非常高、档次高的车出去办事，不但能提高我们的工作效率，还对工作的进展起到好的推动作用。假如我们汽车不好，比如说出

现一些故障，就会影响我们工作效率，如果不幸出现重大事故，甚至会影响到人的生命安全。汽车的这种影响力都属风水上的作用，它对人的影响是非常大的。

汽车风水是现代人生活的一部分，汽车给人们带来了出行的便捷，因为道路交通的关系，汽车风水立足于吉祥，强调人和车的平安。在此基础上讲求人与车的诸种和谐因素，譬如，人的命理、阴阳与车相对应的风水属性的和谐，在这些细枝末节中大到外观和内置，小到车牌号、个人驾驶着装及车内装饰物，都应体现出吉祥的点化功效。

特别在选购车辆之前，我们需要对汽车风水学有一定的了解，才能知道哪些车型、车牌等因素对我们最有利。车辆相对是一个密封的空间，它也相当于一个小的房子，我们要选择与自己身材相符的车型为宜。如一个身材娇小玲珑的年轻女性开着非常大的越野车，一个高大的人驾驶一辆小车，都会对人产生不利因素，也会影响驾车安全。车牌号就是车的身份证号码，这个牌号同样具有五行的力量，对车辆本身和驾车者都会产生较强的影响力。

本书根据大家最普遍关心的热门话题进行探讨，例如：汽车有没有风水？它的风水有何特殊性？汽车的朝向、明堂、后山、左右的护卫是怎样确定的？汽车怎样化煞？怎样选择车型、车名和车标志？怎样选择车的颜色？怎样选择车牌号码？怎样选择购车、提车、出车的吉日良辰？怎么保证行车安全？等等，书中都有详细分析讲解。

由于汽车风水在当今既是新话题，又是人们最想了解的知识，面对这样的一个开创性的命题，本人在编写时尽量做到通俗实用，具有明显的实用性和可操作性，使用生动资料的同时又结合自身经验，尽量缩短与读者的对话距离，能给读者提供切实的参考和帮助。另外，书中隐藏着深奥的易学理论和传统的文化内涵，对于易学工作者和周易爱好者，无疑是一本具有全新观念的教材和工具书。

由于可供参考的资料少，时间紧迫，书中难免会出现一些疏漏，这里期待各位方家给予指正。

是为序。

董易奇

欢迎访问公司网站：www.020666.com
新浪博客：http://blog.sina.com.cn/dongyiqi
公司电话：020-36238841　36239365　86054736

目录 Contents

序 2

汽车风水影响您的生命和财富 8

第一章　风水基础知识

《易经》智慧与车文化 14

运用汽车风水营造美好生活 16

风水、择吉并不神秘 17

如何认识"风水" 20

全球大企业家笃信风水 23

风水的基本之阴阳 24

风水的基本之五行 26

八字的喜忌用神 32

如何知道自己的五行属性 34

第二章　汽车品牌风水

常见车品牌的五行属性 38

车名与风水的关系 39

汽车标志风水浅释 41

常见车标的由来及含义 43

动物图案的吉利标志 54

适合十二星座的汽车品牌 56

现代购车族喜爱的车型 59

第三章 汽车外观风水

从汽车外观辨吉凶 …………………………………… 64
相车如古人相马 ……………………………………… 66
车的外观风水案例分析 ……………………………… 68
汽车外观装饰风水 …………………………………… 71
中国汽车风水排行榜 ………………………………… 73
迈腾的好风水分析 …………………………………… 75
克莱斯勒300C的好风水分析 ………………………… 78
君越的好风水分析 …………………………………… 82

第四章 汽车颜色风水

汽车颜色与车主的命格 ……………………………… 86
结合八字所喜五行选车色 …………………………… 88
颜色与车主五行的匹配原则 ………………………… 90
车身颜色与安全 ……………………………………… 92
流行汽车的吉祥色系分析 …………………………… 94
  成熟魅力 ………………………………………… 94
  动感时尚 ………………………………………… 96
  个性鲜明 ………………………………………… 99
汽车流行色彩个性选择 ……………………………… 100
十二星座最适合的车色 ……………………………… 101
十二星座汽车开运吉色 ……………………………… 104
  红色篇 …………………………………………… 104
  蓝色篇 …………………………………………… 108
  黑色篇 …………………………………………… 112
  白色篇 …………………………………………… 115
  银色篇 …………………………………………… 118

第五章　汽车牌号风水

数字吉祥解密…………………………………………………… 124

如何选择吉祥数字……………………………………………… 126

车牌号的风水讲究……………………………………………… 127

车牌号码的五行组合…………………………………………… 130

选择吉祥车牌号的方法………………………………………… 132

车牌号码吉凶分析案例………………………………………… 138

车牌数字风水趣谈……………………………………………… 139

第六章　选车购车风水

购车前需要考虑的问题………………………………………… 142

根据生肖和八字喜忌选购汽车………………………………… 146

吉日良辰话购车………………………………………………… 148

汽车选购的风水原则…………………………………………… 150

二手车的购买风水……………………………………………… 154

购车的交接车风水……………………………………………… 155

广州黄先生购车案例分析……………………………………… 156

第七章　汽车饰品风水

常见汽车内部装饰……160
用饰物改善汽车风水……161
根据十二生肖的喜忌选择车饰……163
不宜选用的车饰……165
可防止交通意外的车饰……166
十二星座适合的车饰……169
车内的香水风水……171
最适合十二星座的车内香水……173
吉祥物宜每年更换……178

第八章　汽车安全风水

阴阳五行左右汽车的安全……182
行车中的色彩关系着安全……184
使用汽车空调注意事项……186
夏季车内的禁放物品……188
保你出入平安的车库风水……189
安全停车与风水……190

第九章　平安出行风水

出行风水影响个人运程……194
中国人的旅行择吉文化禁忌……197
驾车的姿势与安全行车……198
哪些情况驾车易出危险……201
平安驾车要有好状态……202
婚庆用车的风水……204

跋……206

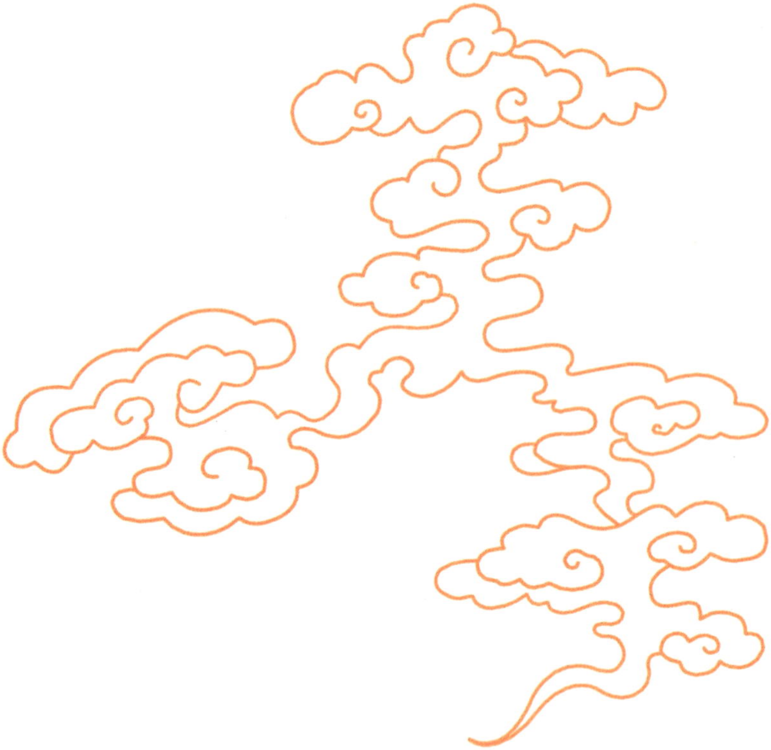

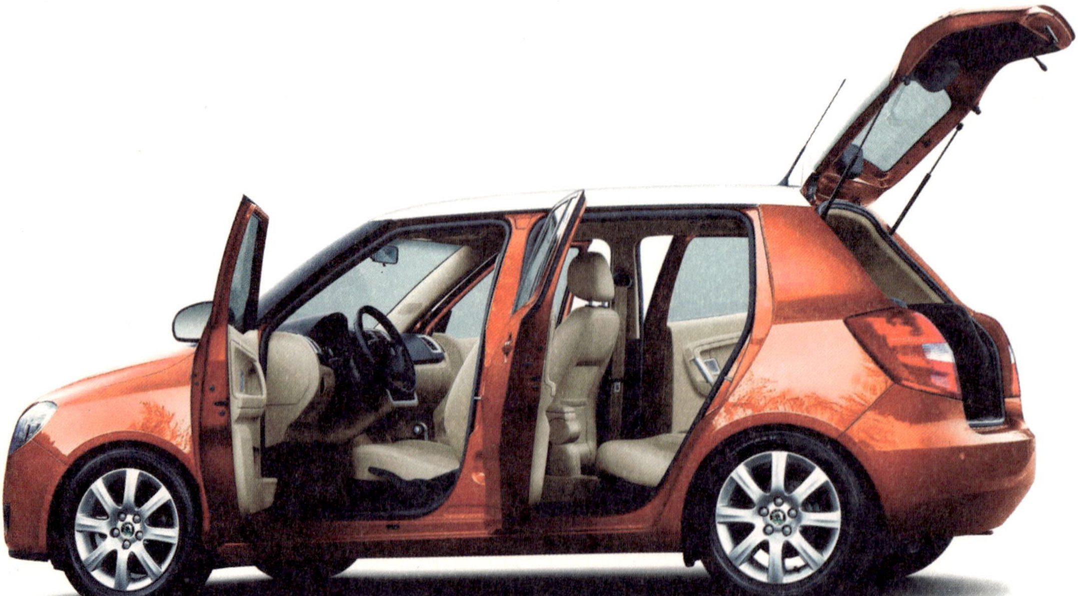

写在前面的话

汽车风水影响您的生命和财富

汽车，被称为流动的房屋，我们一旦拥有了汽车，就会经常处在这个活动空间中，汽车风水自然会对处在这个空间的人构成一定程度的吉凶影响。随着私家车越来越多，人们更加重视汽车风水，也开始考虑该车颜色、车内装饰是否适合自己，是否能给自己带来平安和好运了。我们驾驶汽车就是在这个移动的家中生活，所以汽车的风水问题是不容忽视的。

家是不动的，而汽车是移动的，所以从安全意义上讲，汽车的风水更为重要。汽车是流动房屋，无固定座向，是在行进中不断变换座向。因此我们必须研究汽车风水对人的影响，找到更安全的选用、使用方法。

汽车风水主要讲究的是汽车款式、颜色、动力驱动、驾驶方式、车内装饰、车内乘客、车内吉祥物、驾驶道路、停车场等方面。我们认为，汽车的款型、品牌、车牌号码、色调、购车时间、生活环境，如果与车主配搭适宜，可增加许多吉祥运势，让你在人生道路上一路顺风，潇洒惬意。汽车在各种煞气中穿越前进，风险无处不存，化煞最重要。

很多人都会关心自己居住环境和家居风水，但却忽略了汽车的风水。其实，这也是一个很重要的环节，因为汽车风水的好坏，也直接影响到你的生命和财富。

一、购车的时间

车辆的风水，首先讲究的就是购买的日子，这就是"天时"。这个日子除了本身是个黄道吉日外，还必须符合车主的命格。日子方面对事情的诱导是最快的。购买汽车的时间相当重要，如果没有选择好时间去买车，则会为你日后的用车带来无穷的烦恼。也许会出现买回来的车易出故障、事故，或因为买车影响了未来运势等问题。总之，一定要选择吉日吉时去购车。万一买车没能择时的朋友也不要过于担心，可以先把车停驾一段时间，再择一个五行平衡的好时间重新开始启用汽车，同样能达到改运、保平安的目的。

二、找出车主八字中的五行喜忌

买车就像买房，用谁的名字登记影响很大。因名字跟人的八字一样，其吉凶信息是同步的，也能够反映出一个人的运气是吉还是不吉。运气好的人买车，往往能够买到一辆称心如意的车子，运气欠佳的人买车子，则很难买到一辆称心如意的坐驾。车子买回来后，不是这儿出毛病，就是那儿出毛病，或者出现一些其他方面让车主很烦心的事。

> **特别提醒**
> 朋友们买车时，建议用运气好的人名字来登记。好比夫妻买车，看看最近谁的运气好，就用谁的名字办理手续。如果最近两个人的运气都不太好，就请一位运气好的亲戚朋友代办手续也是可以的。通常情况下，运气好的人买的房子或者车子都比较吉祥。

三、汽车的品牌

选车首先要看车的品牌。比方说生肖为龙的人，就不宜买"瑞虎"之类的车子。因为龙虎相斗，不吉。每个品牌所生产的车子只适合于一部分人群享用，如奔驰车或宝马车，适合事业有成之人驾驶；别克车，适合比较女性的女人享用；本田车，适合老实本分的人；丰田车，适合艺术家；三菱车，适合开拓事业前程的人；马自达车，适合自由职业的人；保时捷车，适合明星……其他车也不难看出其所对应的人群。

买车之前，先结合自身情况给自己定位，然后再买适合自己的车子，如此方可保平安吉祥。有句古话叫"量力而行"，说的就是这个意思。

四、汽车的颜色

汽车的颜色具有五行属性，红属火，黑属水，白属金，黄属土，绿属木，每一种颜色会对车主的生肖产生生克制化的影响，选购车时一定要谨慎。比方说，命主为木，且身弱，最好不要买白色的。因为白色属金，金克木，不吉。

五、汽车的牌号

车辆牌号，亦为重点。一辆汽车的吉与凶，很大程度上取决于此。牌号有如人之姓名。姓名对一个人命运的影响是很大的。这一点，我在后文为顾客选车牌的章节中会详细地讲解与分析。汽车牌号由汉字、英文字母及一组数字组成，根据《易经》中"万物皆数"的原理来推论，无论是汉字、英文字母还是一组数字，都具有五行属性及与卦象对应，本身就带有一定的能量，所以对车主的生肖命相会产生一定的影响。牌号卦象组合吉祥，五行相生，阴阳平衡，则表明这辆车的气场和谐吉祥，至少不会出大的事故。反之则易出现交通事故，或者发生失窃的危险。

六、汽车内的装饰物

车内的装饰品建议不要过多，或者干脆就不放什么装饰品。因为任何装饰品或工艺品，都有可能会触犯风水中的煞气或冲犯车主的生肖命相，只有搞清楚装饰物的五行属性才能摆放。车内挂放的一道平安符或吉祥物，一定要通过正规的开光，才能有效果。

七、车内的音乐

中国的易学对于音乐早就给出了五行属性的定义："角音五行属木，徵音五行属火，宫音五行属土，商音五行属金，羽音五行属水。"而五音又对应于人的五脏六腑及人的喜怒哀乐等，故此音乐对车主的运气及情绪都有重要影响。但是要普通人来区分音乐的五行属性，是一件不容易的事情。所以最好不要长时间地听某一种音乐，而要经常性地更换音乐，这样金、木、水、火、土五行的磁场都不会长时间地对汽车及车主产生长久影响，就不会造成不利因素。

八、车内乘客的五行

汽车是流动的住宅，车内人员一起在其中占据着一定的空间，因此，如果是跑长途或者虽然是短距离，但是天天在一起搭车，那么车内人员的五行是有讲究的：如果五行相克，则会对车内人员的心情，甚至是行车安全等带来隐患。

因此，如果你的爱车总是那么几个人乘坐，而又老是会有故障或出事故，那么，不妨查查你们的五行是否相克。

九、汽车的停放位置

我们把汽车看成一个个体的话，那么它也具有一定的磁场能量。如果我们平时能注意把汽车停放在一个上风上水的好位置上，或者把自家的车库建在风水好的位置上，你的爱车就会得到风水的庇护，那么作为车主的你自然就会风生水起了。当然，这种做法只有具备一定财力的人才能做得到，并非普通白领能办到的事情。但是，如果你最近运势一直未见起色甚至很背，而你又整日待在车上的时间过多的话，你就要考虑汽车的停放位置是否冲犯了风水之煞气，或者干脆就换一个感觉好的地方停车。如能请专业人士为你择一处好风水的停车位置自然更好。总之，不要忽视了停车位置的风水因素，遇到不顺时就要勤于更换停车地点，俗语说："人挪活，树挪死。"变通一下，也许会给你增添好运。

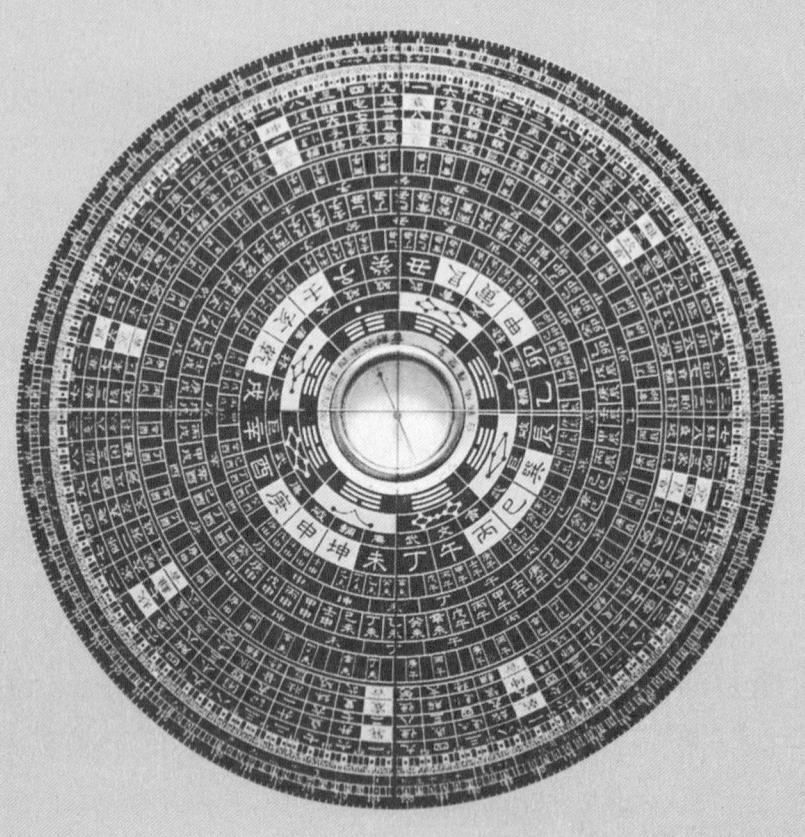

风水学的三大原则：天人合一原则，阴阳平衡原则，五行相生相克原则。很多事物都会或多或少影响个人运程，命与运是很难或可以说是无法改变的，但风水可在某程度上改善。

第一章

风水基础知识

　　我国文化精髓之处在于讲究天人合一之道。每个人都受阴阳五行之气的左右，从而导致人生的吉凶各异。风水学研究的对象是我们的环境，不管是我们身在屋宅还是在汽车里面，都与风水相关，因为这些人所在的环境都会影响我们的行为和情绪。我们无法从根本上改变命运，唯一可行的是利用风水之道选择更适合自己的环境，以达到趋吉避凶、平安纳福、招财开运的目的。想要学习、了解汽车风水，那就让我们先学习一些风水的基础知识。

《易经》智慧与车文化

宇宙万事均汇于定数之内，上自星球运转，小如每人成就得失，均受其左右。《易经》分为四大部分，即理、象、数、占，其中的数有人说其发展源头是河图洛书之数，后来历经各朝各代智者的研究，《易经》对数的研究论述颇多。

《易经》是儒家的重要经典之一，它源于华夏先人观天文、察地理、比人事，远取诸物，近取诸身的人生探知，起源于人类生活实践并应用于生活实践，以严密的符号公式和逻辑体系，蕴藏着天人合一的宇宙全息观，是一部永远长新的百科全书。

《易经》的体系包括风水、命理，还包括八卦预测这几个方面。如果从宏观来分的话，可分为长期性预测和短期性预测两大体系。因为《易经》是研究预测和改变人命运的一门学问。如果作长期性的预测，一要根据命理，二要根据风水，三是名字，这属于长期性的预测。短期性预测的话主要是通过八卦来进行。另外，还有其他一些学问，比如说像六爻等。无论是短期也好长期也罢，只要能够正确运用，综合把握，都完全可以做到超前预测以及改变和掌握自己的运程。

《易经》从无极开始，是一种虚无的状态，是整个宇宙混沌未开的时期，无极之后就是太极，太极之后就分为两仪，因为这个太极图一分为二，在八卦当中，他就分为两个爻，一个是阴爻，一个是阳爻。在具体预测的时候就会用到阴阳，也就是两仪。两仪之后才生出三才，三才指的是天、人、地。再往下是四象，包括春夏秋冬这四个季节，还有其他的一些内容。再往下是五行，五行包括金木水火土，五行相生，也相克，生生克克组成整个宇宙的运行。五行之后又有六爻，再往后是七星。七星有北斗七星，日常生活当中，风水上用得比较多，七星当中有吉星也有凶星。七星之后才是八卦，八卦在预测的时候就会涉及。八卦之后是九宫，九宫也是用在风水上。然后是十干，也就是十个天干，然后由天干又引出来十二个地支，最后才变成了一生二，二生三，三生万物。《易经》研究的内容非常广泛，从无到有，由虚到实。大家先做一个简单的了解。这是《易经》研究的基本内容。

太极生两仪，两仪生四象，四象生八卦，八卦化万物。车驾以及由车驾所引申的易理文化处处可寻。关于《易经》四象的历史，可以追溯到中国人最早的车马使用时期。追寻《易经》的生成和发展历史，我们不难发现《易经》涉及到中华人文文化、自然科学发展中的各个领域。《易经》文化自它生成出现的那刻起，就与中国车文化结下相互影响、相互促进的渊源。

相传中华文明发端之始，黄帝就开始造车，并因此被称为轩辕氏。轩辕二字指的就是车。早在3000多年前的商朝，车的象形文字已经粗略勾画出车的结构，一部分是车衡，一部分是车辕，一部分是车舆，而车舆两侧的就是轮子了。

今天，我们沿着车文化之路行走，会惊奇地发现在车、车舆或车驾出现及发明的不同时期，似乎处处包含着深厚的生存哲学意境，并相互影响与促进。相对于它和中国传统哲学之宗的《周易》而言，车文化无疑是它博大精深哲学文化体系中的活水。因此，理解现代汽车风水，利用《易经》卦辞及释义中处处可见车驾文化进行的预测、择吉是非常必要的。

运用汽车风水营造美好生活

风水是中国传统文化精髓，一种择吉避凶的术数，一种广泛流传的民俗，一种人类追求与自然环境协调统一的学问，一种理论与实践的综合体，是古代先哲们研究天文地理与人类休养生息的一门学问，其核心是气场的优选和优化组合。人生在世，有很多事物，都可以或多或少影响个人运程。命与运是很难或可以说是无法改变的，但风水可在某程度上改善。补救命与运。

近几年来，人们对汽车风水的讨究越来越感兴趣，汽车风水给生活起到的影响之说也在有车一族中迅速风靡。在加拿大华人社区，风水盛行，中文电视台有专门讲风水的节目。

汽车通人性，是有灵气的。我们在使用车辆的过程中难免有磕磕碰碰，生活中也常有车祸发生，您是否会联想到自己的坐驾风水呢？随着生活水平的不断提高，在解决衣食住行的基础条件后，富裕的人们越来越重视从中国传统文化中吸取营养，特别重视居住环境、自身环境和生活环境的和谐共融。

王司机是我的老朋友了，我给他个人做过许多策划。他后来租了一辆黄色的车子，开计程车为生，但在开出租车的过程中经常出问题。王司机有些害怕了，找我诉说心中的苦闷。我发现他现在的车子坏在颜色和他相冲上了，黄色是他命中的大忌之色，后来经过调整，在车内的吉祥物品的摆置上又做了些文章，结果就好转了一些。

汽车的风水实际上是一个很大的命题，它涉及到个人命理、时空变换、居家风水、工作环境、汽车本身等诸多因素，我们要充分将其结合，巧妙运用，才能给自己营造美好的生活。我们相信，一个人正确、合理地选择自己的爱车，会给生活铺展更加美好的光辉历程。

风水、择吉并不神秘

一谈到风水、择吉，往往很多人的反应要么是眨巴双眼、张大嘴巴，一脸迷惘状，认其为莫测高深的"神秘法术"。还有些人甚至指其为"迷信、糟粕"，一无是处。然而，古往今来，任何时期，任何阶层，每一个人都受"风水、择吉"思想的影响。风水、择吉的观念贯穿了整部中国历史，深远地影响着中国人的生活方式、民俗礼节、建筑理念甚至生存理念。我们常说的"人杰地灵"、"坐北朝南"、"藏风聚气"、"良辰吉时"，都无一不是来源于"风水择吉"的理念。

一、什么是风水

从字面上解释，"风"就是流动的空气；"水"就是大地的血脉，万物生长的依靠。《葬经》曰："气乘风则散，界水则止，古人聚之使不散，行之使有止。"

中国人讲究风水，目前五行学说及易学在世界的运用也远超出想象，很多国家都在研究并运用于各个领域。而我更倾向用《易经》的三个字来解释风水：象、数、理也。风水是理气的学问，同样是象的学问、数的学问，其中博大精深，难以言说。

人生在天地之间，一时一刻也不能脱离周围的环境，人和环境之间随时在进行物质、能量、意识、感情磁场等多方面的交流。人是大地生物中的一分子，只有好的"风"，好的

人生运程中，风水占55%，姓名占20%，八字占15%，修养占10%。

"水"，才能使我们生机勃勃，欣欣向荣，才能使我们事业兴旺，财源滚滚。顾名思义"风水学"就是关于"风"和"水"的学问，也是研究住宅与环境的学问。

可以说风水学是中国传统建筑的灵魂。古代人们发现，在生产、生活中所选择的地址，所布局的环境，如果得当，就会给人带来鸿运；如果不当，就会给人带来祸殃。于是，人们总结其中经验，并用当时的文化意识观念来解释它，就逐渐形成了风水学的理论，风水布局的过程，就是根据我国古老的传统文化，以自然科学的原理为依据，以自身为极点运用八宅、玄空、峦头、理气等方法，选择一个有利于我们的环境，或者将现有的环境改造成有利于我们的身心健康，有利于家庭和睦，有利于子孙发展，有利于事业兴旺的生活环境。现在，我们将风水延伸，运用到汽车、商业、办公等领域。

风水学是初步的唯物论、辩证法，使人们对大自然法则逐步认识，具有一定的科学性。用风水理论对现代建筑及景观设计进行指导，对居住环境、工作环境，甚至自己的爱车进行选择，为人类提供更好的生活和生存环境。

二、什么是择吉术

那么，"风水择吉术"到底是什么？"风水择吉术"是中国古代杂学的集成，是基于中国传统哲学对空间和时间进行辨别、选择、优化组合以期达到人与环境和谐共荣的理论与方法的集成。

我们把"风水择吉"一分为二：

一是勘测并选择空间的方法——风水；二是选择吉祥的时间点的方法——择吉。

"择吉术"就是选择吉祥的时间和空间环境的方法。

三、风水、择吉的门派与发展

早在汉代，择吉术就已经门派繁多、系统完善了。比风水术形成系统要早些。在当时已包括五行家、堪舆家、天人家、丛辰家、太乙家、星命家、建除家、阴符家等门派。至今沿用古法用以择吉术的有：丛辰、造命、天星、斗数、五运六气、演禽、山运、紫白、遁甲、六壬、太乙、乌兔、九宫吊替、天河运转、雷霆、金精鳌极，等等，法多术繁。而其中较为深奥的、较为精准的方法是：三式（太乙术、奇门遁甲、大六壬）、演禽术、卦气、紫微斗数、格局（兰台派与天星派）等。

不论择吉术的门派有多么纷杂，方法多么繁复，它们终究都归属于中国传统天文学的范畴。由于各家的努力，择吉术又融合进了"易学"中"河洛九宫"的理论。将天文历法同方位学结合起来，使择吉术所要选择的"黄道吉日"从单一的"时间"这一矢量概念进步成了带有方向的向量概念。这里就是一个惊人的不同了，择吉学的吉利时间是带有方向的。这是一个关键点，能够掌握这个规律，就能够掌握择吉学的基本方法了。

四、风水、择吉的重要性

择吉是一门大学问，其对于风水操作的运用尤为重要。自古及今，择吉方法汗牛充栋，我们从《协纪辨方》《永宁通书》《选择明镜》等典籍中可见一斑。在这些典籍中，对风水择吉作了大量论述。当今的风水择吉术，在世界各地极强地渗透，如新加坡、马来西亚、日本、英国、美国，都可以看到这股渗透力。

风水择吉能影响到一个人的事业、学业、仕途、健康、婚姻等。如同样的住宅，有的人适合居住，住进去后事事顺利，甚至升官发财；而有的人住进去后却运气骤降，身体不佳，麻烦不断，这就要看"宅"与"主人之命"是否相配。同样的房子，同样的住户，而由于居住的年代不同，也会有不同的影响。如同样的车，有些人开得很顺利，有些人就不适合开，这都可以用风水择吉术来解释。

在千百年的流传中，风水、择吉术就是在这些原则和基本方法的基础上产生了众多的流派。又经过历代明师的不断开拓与积累，逐渐形成了众多奇妙的方法，蔚为壮观。

如何认识"风水"

中国风水理论的形成由来已久，源远流长，可以追溯到远古时代。古人在选择居住环境时，往往认为，"山环水抱"、"藏风聚气"的地方最佳。"山环水抱"之处直接受到山水灵秀之气的润泽，无论从磁场学、美学还是心理学的角度来看，都是非常理想的选择。生活中，人们对风水的认识不一，但无论是久居住宅，还是购车买房，我们都希望能一切顺利，有好的风水。风水理论认为，我们所处环境的风水好，就会心情顺畅，招财纳福，平安吉祥。

一、对风水不可盲目全信

粗略地统计一下，关于风水的忌讳、注意事项、不可的有近六百种之多，不可这样不可那样，如果完全按照风水原则，我们都没法生活了。什么都是如果完全相信，也是不好的，就像小孩玩游戏，可以开发儿童智力，如果沉迷游戏，后果就不堪设想了。

二、相信但不迷信

我认为：我们现在把风水当成一种历史现象来研究，而不是崇拜迷信。风水几千年的历史，留给我们好多经验和参考价值，为什么房子需要这么建而不是那样建，为什么有些人开这款车平安顺利，而换另一个人驾驶却成了多事之车。这些共同点不是偶然的，是顺应自然，符合人们生理和心理，运程运转规律和地球运动规律的。

而什么是迷信呢？你不懂不问、不了解不知道，别人说是迷信，就跟着别人说是迷信，这本身就是一种迷信行为。风水如果被有意之人歪曲利用，配之于鬼神之说，就害人不浅了。

三、正确理解风水

每个人对风水的认识不一样，所以选择也不一样。其实风水就是我们常喝的水、吹到的风，都是日常能感受到的东西，国外称之为空间艺术。我们不能说看不到的东西就不存在，好比水的旋涡，是水下一种引力作用的。正像炼丹术是化学的鼻祖，星象学是天文科学的鼻祖，风水也是建筑学的始祖，应该科学正确地认识。

四、合理运用风水

有人说，我们古代祖先没有电器，没有汽车，哪来的这么多不可以和注意事项，都是现代人编出来的。古风水非常复杂，仅仅几个这不可，那不可，那就是风水了，大错特错，真正风水要讲求全局性系统性机构性，内部外部环境，还要和个人的命理结合，再加上个人的天赋和勤奋，不是每个人住进同一间房子都能发财，也不是每个人同开一辆车都能保平安。所以真正的风水不仅仅是怎么摆放，怎么选择，而是要实地勘测，通过内外环境再结合个人命理，并且还要有辅助的开光法器吉祥物品来改运催财。

我的观点是：风水是中国传统的一种特有文化现象，里面包括科学的因素——生态学、环境学、建筑学等，还有心理、伦理、哲学、宗教、美学等因素，非常复杂。如果在运用上过度夸大风水的作用，以为风水能决定一切、预测一切，那肯定是误入歧途了。而实事求是地按照风水"和"的基本观念，包括天人合一、中正平和、阴阳平衡、五行生克的选择环境、营造环境、调节环境，则是合理的，有科学性的。

五、因时因地，仔细分析

风水择吉从来就是根据"一时一刻一人一环境"的实际情况进行甄别、调整、改善的实际功夫。离开对实际环境的具体甄别，离开对各环境因素的仔细分析，离开对基本原则和基本方法的灵活运用，想单靠某一个方法、某一个秘方，是没有办法真正改善我们周围的环境因素，以达到环境和谐的目的的。而且，风水择吉所要达到的目标是"某个时空中，人与环境的和谐共荣"。在强调仔细甄别空间环境的同时，也要注重时间对"人与环境和谐共荣"所造成的影响，而时间总是在变化的。

六、拥有良好的心态

根据现代心理学研究，风水择吉术中大量"标准"的吉祥的环境安排模式，都带有强烈的心理暗示作用。很多时候，经过风水择吉改善的环境，实际上是构建了一个相对良好的"心理场"。通过前面的讲述，我们知道，风水择吉中特别强调环境因素同主人的"五行喜忌"、"八字流年"等是否相配，继而进行的环境改善也主要据此开展。这在心理学中被称作"建立实际空间与心理生活空间"的联系，在此过程中的诸多方法都是用来围合这个心理场的。而风水择吉中用到的很多祈福、招财、化煞的工具，从心理学角度看，起到的是"心理场"中"点场"的作用。拥有良好而坚定的心理愿望在风水择吉的实施中是非常重要的。

七、为什么要学习风水知识

我们多学习多知道一些风水知识，意为"艺多不压身"，大家在安置房子布局时有个参考依据，能够避免的我们就避免。有些风水缺陷是很正常的，特别是出现如下情况，我们解决不了，又很难解释时就会想到风水。

- 为什么搬家后那么多事情出现？
- 为什么换车后事故频繁出现？
- 为什么现在公司大不如前？
- 为什么搬家后疾病不断？
- 为什么我的他（她）突然对我冷淡？
- 为什么我什么条件都不错却没有完美婚姻？
- 为什么比自己能力差的人挣钱更多？
- 为什么我这段时间这么倒霉？

……

我们不得不承认好多事情我们无法用现代科学解释，而这些事情风水都能解决。如果要你学《天玉宝照经》、《河图洛书》、《地理勘测绘图》等古书籍，没有基础根本看不懂，那么我们只好研究出简化了的，日常大家明白的语言阐述讲解。

全球大企业家笃信风水

(摘自《华尔街风水师》小说封底)

我到中国来的时候要租用中国的房子,我就要请风水师帮我看过,我才敢用。不光中国,我在世界任何一个地方要开微软公司的分公司的时候,选择住房都要请风水师看,风水师不看过我不敢用这样的房子。

——微软公司创始人、世界首富 比尔·盖茨

我一生笃信风水,在盖我的香港总部长江集团中心的时候,我听从我的风水师的建议,"长江集团中心要高过旁边的汇丰总行(179米),但要矮过另一旁的中银大厦(367米)"。如果在中国银行及汇丰总行的最高点划一条斜线,长江集团中心就在这条斜线之下。

——香港长江集团董事局主席 李嘉诚

别人和我讲科学,我却相信风水,而且我迷信风水。阿里巴巴设立七个分公司就是出于风水的考虑。我们在香港第一次租办公室的时候,我跑进去一看,我说不行,这个办公室位置很高,我说这个风水不好,前面那个公司一定关门了。一查前面关了6家公司,千万不要去。所以你搬公司的时候,你要查一下前面那家公司是不是不好。还有就是在任何城市,如果你在当地说我要建一个当地最高的大楼,这种公司都要倒霉,我统计了一下,这个企业的大楼是最高的,他一定是倒霉的。纽约的9·11是一个典型。

——阿里巴巴集团创始人、董事局主席兼CEO 马云

你信风水和不信风水是不一样的,过去一直很"顺"的人,他一般是不信的,遭遇过波折,感觉无法把握自己命运的他就相信。我现在肯定属于很信风水的人。

——巨人网络董事会主席兼CEO 史玉柱

在我办公室的众多陈设中,我最钟爱这座大理石浮球——风水轮。我不仅相信风水,我还相信测字。"娃哈哈"三个字其实就暗藏玄机:这个女字旁,说明娃哈哈公司里的女人多;土字多,是说公司的根扎得很深不会倒;然后娃哈哈三个字都是9笔,为至尊之数,因此在中国是最大的,也是最强的。当然,口字比较多,娃哈哈受到的是非评论也多,甚至娃哈哈和达能公开决裂,官司全球开打。

——娃哈哈集团主席 宗庆后

风水的基本之阴阳

我们根据气的好坏来判断环境的好坏，选择有利的环境因素，进行风水择吉。所以我们必须先学习怎么发现"气"与辨别"气"。气是我们无法看见的，只能通过明辨"阴阳"——"气"在不同时空里的显现，才能发现"气"这一最重要环境的因素。

风水中有几个重要的概念，其一便是所谓的"阴阳论"。"阴阳论"强调的是世上万物均有阴阳之分。例如女性、月亮、右边、里面、偶数属"阴"，男性、太阳、左边、表面、奇数属"阳"。好风水的奥秘就在于巧妙地取得阴阳的调和。

万物皆由"阴"（黑色部分）与"阳"（白色部分）所构成。就如白昼（阳）与黑夜（阴）一般，阴阳也是一体的两面、相互影响的，单纯的阴或阳是不存在的。

阴阳学说的基本内容包括阴阳对立、阴阳互根、阴阳消长和阴阳转化四个方面。风水中用阴阳来表示气的形式。阴和阳两种力量共同作用创造了运动，并使之平衡于世界上。阴气流动相对较慢，比较分散，温度较低，阳气则反之。

一、阴性物质

一般认为，椭圆形的脸、瘦长的身材、修长的手指和脚趾的人通常较阴。大眼睛、嘴唇丰满、两颊丰盈的人属于"太阴"。有的人经常眨眼且很难与人进行目光交流，这种人阴气较重。

属阴性的人一般都有创造力，想象力丰富，敏感多变，随和且温顺。然而，一个天性较阴的人容易变得阴气更重，不容易产生"阳气"。阴性形状通常是弯曲、圆形或不规则的。

二、阳性物质

通常说来，圆脸、身体强健、脸色严肃的人阳气较重。属阳性的人一般都容易被关注、灵敏、积极向上、充满活力。阳性形状是那些能够加快气流速度的形状，它们通常由直线形或棱角构成。

风水是在"阴阳"、"五行"的基础上发展而来的。在古代，自然界所有的存在都被确立为"木、火、土、金、水——五行"和具有相反性质的"阴阳"。风水就是结合"五行"和"阴阳"，将事物分类为具有其中某种性质的学科，例如，"阴"意味着阴暗、寒冷、破旧等，"阳"则表示明亮、温暖、崭新等。五行中还有相生和相克的关系。在风水中，无论是根据阴阳还是五行，都可以判断出环境的状态，补充不足的气，抑止过剩的气，调节平衡，营造出美好运的生活。

阴和阳的属性

阴气过重的表现	阳气过重的表现
◆ 畏冷	◆ 生硬/倔强
◆ 易得传染病	◆ 紧张
◆ 体凉	◆ 皮肤干燥
◆ 腹泻	◆ 便秘
◆ 慵懒	◆ 压力
◆ 沮丧	◆ 易怒
◆ 心理状态问题	◆ 需要自控

怎样加重"阳"气	怎样加重"阴"气
◆ 做武术运动	◆ 沉思
◆ 做竞技运动	◆ 多吃新鲜水果
◆ 穿颜色鲜亮的衣服	◆ 多喝水和果汁
◆ 穿时髦正式的服装	◆ 穿色彩柔和的衣服
◆ 多参加社交活动	◆ 穿宽松的衣服
◆ 多吃熟食	◆ 做全身舒展的运动
◆ 多吃根茎类的蔬菜、谷类和鱼	◆ 走进大自然
◆ 清除脏乱杂物	◆ 听舒缓的音乐
◆ 多运动	◆ 用光线柔和的灯或蜡烛

风水的基本之五行

可能有人就会问：既然阴阳也只不过是气在不同时空环境里的特性，就算我们明辨了阴阳，我们还是无从着手去加以平衡呀？是的，对于阴阳，我们确实无法在常规情况下直接加以协调平衡，其实，这也是智慧的古人同样会面临的难题。于是，我们的祖先通过不断地观察和总结，发现了由于气的阴阳互动而产生的组成万事万物的最基本的元素五行——金、木、水、火、土。人们用五行来解释各种不同气能之间的相互作用，它们之间形成了一种气能相生、相克的模型。五行与阴阳同等重要，五行的生克主宰宇宙万事。此外五行也有阴阳之分。"木"、"火"为阳，"金"、"水"属阴，通过"土"的作用，产生循环变化。阴阳与五行并称"阴阳五行说"，可谓是风水的基础，具有举足轻重的地位。

五行观念在上古三代以前已形成，而阴阳五行学说作为哲学思想则源于我国春秋战国时代。它在我国古代曾被广泛应用于诸多领域，在经历了无数的历史变迁之后，今日西方发达国家如日本及欧美异域均在研究我国的五行学说及《易经》文化，并将其运用在许多领域。

一、五行相生

五行"相生"的顺序为，木生火，火生土，土生金，金生水，水生木。也就是说，由水气生成的木气，再由木生出火气，就这样无限地循环往复。这种循环相生的思考方法的基础来源于一种非常朴素的理论。

木生火：古时候，为了得到火，最原始最简便的方法就是钻木取火，这是自然之理，木生火就这样地发生了。

火生土：物质如果燃烧，留下的是灰。灰是土气，火生土乃真正的自然之理。

土生金：矿物、金属之类多埋藏于土中，人只有通过挖掘土才能提到金属。因此是土生出金属，即土生金。

金生水：金在高温下被融解，变成了液体，即金生水。也可理解为当空气中的湿度大时，金属表面容易产生水滴，即金生水。

水生木：一切植物（即木气）均由水生。如果没有水，草木将枯死，故木乃由水所生。

二、五行相克

相生是依次生出对方，而与之相反的相克则是指木、火、土、金、水五气依次克制对

五行生克图

方。其顺序为木气克土气、土气克水气、水气克火气、火气克金气、金气克木气。被金气所占的木气，再次去克土气，如此的循环往复。同相生一样，相克也是来源于单纯朴素的理论。

木克土：木扎根于土地里，使得土地固结和破碎。大树自不消说，就是小小的灌木、柔软的野草蔬菜之类的根部也能固结或破碎土地。这就是所谓的木克土。

土克水：土乃阻水之物。水不停地流动、满溢、涨落，如果没有土的话，就止不住满溢的水。抑制这水之力的东西就是普通的土。当洪水到来的时候，起防水作用的东西，无论是过去还是现在，都是土。同作为应急措施的土堆相比，更为长久的防水对策则是构筑土坎的堤坝。土、堤坝都是以土之力抑制水力之物。所谓的土克水，即是指此。

水克火：水能灭火，在今天乃是不言自明之理。灭火的最好办法是浇水。水能胜火，防火即需水。

火克金：金属不管多么坚硬，但在烈火的灼烧之下，都会软化变成液体。因此火可克金。

金克木：高高耸立的乔木，如遇到斧子的削击便会死去。锯子、手斧，一切带刃的东西都是损伤树木之物。总之，因为带刃的东西即是金属，所以金克木之理得以成立。

三、形状的五行

金：拱形、圈状能把更多的金气带进空间，能更好地集中人体内的气，更集中精力去完成生活中的某一件事情。

木：垂直线、高挺的形状和高高的天花板能使气流上行，让你感觉自己更有能力，更能突破自己的极限，超能力去完成某件事情。

水：波浪线、不规则和抽象的形状会产生更多的水的气场，令你感觉更灵活，萌发更有创意的想法。

火：星状、锯齿状以及金字塔能够产生更多的火的气场，给人心理上的鼓励，令人更乐于表达自我。

土：水平线、矮厚平的形状以及低矮的天花板能够产生更多的土的气场，令你跟别人更容易沟通，会更留意身边所发生的每一件小事。

四、色彩的五行

从设计的角度讲，掌握色调是营造情调的关键，汽车风水的五行相生相克导致吉凶交替出现，全在于把握好各种不同色彩给予人不同的心理感觉。总体来说：

红色：红色五行属火，是一种较具刺激性的颜色，它给人一种兴奋感。但不宜接触过多，否则很容易产生焦虑和身心不安的情绪，容易产生疲劳。

金色：金色五行属金，是一种豪华的色彩，本身能够发出绚丽耀眼的光芒，所以令人有目不暇接之感。

黄色：黄色五行属土，是人出生最先看到的颜色，是一种象征健康的颜色。它之所以显得健康、明亮，也因为它是光谱中最易被吸收的颜色。

橙色：橙色五行属火，能产生活力，诱发食欲，是暖色系中的代表色彩。同时也是代表健康的色彩，且含有成熟与幸福之意。

绿色：绿色五行属木，是一种令人感到稳重又舒适的色彩，所以绿色系很受人们欢迎。绿色还代表积极向上且充满青春的活力。自然的绿色对昏厥、疲劳、恶心及消极情绪都有一定的积极作用。

粉红色： 粉红色五行属火，是对温柔的最佳诠释，这种红与白的混合色彩，非常明朗、亮丽，意味着"似水柔情"。

蓝色： 蓝色五行属水，是一种令人产生遐想的色彩，另一方面，它亦是相当严肃的色彩。这种强烈的色彩，在某种程度上可隐藏其他色彩的缺失，是一种搭配方便的色彩。蓝色的环境也使人感到幽雅、宁静。

褐色： 褐色五行属土，是最容易搭配的颜色，它可以吸收任何颜色的光线，是一种安逸、祥和的颜色，可以放心运用。

黑色： 黑色五行属水，高贵并且可隐藏缺陷。它适合与白色、金色搭配，起到强调的作用，使白色、金色更耀眼。

灰色： 灰色五行属土，是一种极为随和的色彩，具有与任何颜色搭配的适应性和多样性，可算是中间色的代表。因此，在色彩搭配不合适时，可以用灰色来调和。

白色： 白色五行属金，会反射全部的光线，具有洁净和膨胀感，所以在布置时，如空间较小时，可以白色为主，使空间增加宽敞感。

除了五行的影响，还可根据不同颜色的特点，来决定颜色的取舍。

五、五行和八卦

五行是中国古代的一种物质观，多用于哲学、中医学和占卜方面。五行指的是金、木、水、火、土五种要素。认为大自然由五种要素所构成，随着这五个要素的盛衰，使得大自然产生变化，不但影响到人的命运，同时也使宇宙万物循环不已。

通常我们决定一个住宅是否适合这家人居住，是按照户主的命卦来算的，命卦即八卦，有其五行所属，五行相生相克，只要户主的命卦是配合宅卦的，便有了保障家宅安全的基本条件，这居所便是吉利的。有时候，当家宅某一方位的五行出现煞气，便需要用此五行元素和另一五行元素互相制约。

八卦五行所属分别为：震属阳木，巽属阴木，离属阴火，坎属阳水，乾属阳金，兑属阴金，艮属阳土，坤属阴土。

通过八卦的五行所属，我们也就能够知道八个方位的所属：东方属震，故其五行为木；东南方属巽，也是属木。北方属坎，五行属水。南方属离，五行属火。以上三者都属于东四卦。东北方属艮，五行属土，西南方属坤，五行也属土。西方属兑，五行属金；西北方属乾，五行也属金。以上二者则属于西四卦。

六、人的五行

人的五行，就要看"本命卦"了。所谓"本命卦"，就是"八卦"（象征自然界和人事现象的易卦），其代表的是人类潜在的适性。"本命卦"类似日本的"九星气学"，但与"九星气学"最大的不同在于"本命卦"，即使是同年出生的人，也会因男女不同而八卦各异。此外，"本命卦"主要是依方位或颜色来判断凶吉，并非如"九星气学"可以看出人的运势。

在日常生活中，常听人说谁与谁投缘或不投缘，其实投缘是因为相生之故。换句话说，投缘即为相生，不投缘就表示相克。例如，属"火"的人，多摆放属"木"的饰物，能量就会增加。但若属"水"的饰物放了过多，能量就会减弱，也就难以如愿以偿。在人类的个性上也同理可证，因此若想成功，最好避免相克，而求相生。相生，还可分为"表相生"（帮

每一个人都有自己的五行，都是受着五行的生克制化所影响，每一个人都有着五行上的喜与忌。

助自己的人）与"里相生"（自己所帮助的人）两种，比如，对属"土"的人来说，"火"为其"表相生"，"金"为其"里相生"。

七、五行代表的运气和象征物

五行所代表的运气和象征物的分类如下表。根据下表，大家可以了解五行所掌管的运气和它的象征物，再结合自己想得到的运气，装饰和携带特定的东西，就可以调整运气。所谓的"象征物"，就是指五行所具有的能量（例如，宝石是金的象征物）。

五行	主要运气	象 征 物
木	事业运 发展运 学习运	情报、语言、声音、向上心、AV机器、情报机器、木制物品、带酸味的食物、饮料、柑橘类果实、积极的行动、流行服装、运动。
火	美丽运 名誉运 人气运	地位、名誉、艺术、美、分离、玻璃制品、发挥感性的工作、服装、美容业界、股份投资、赌博、虾、蟹、贝类饭菜。
土	结婚运 家庭运 不动产运	努力、安定、继续、传统、储蓄、换工作、日式装饰、日式杂货、日式食物、陶器、平跟长靴、学习茶道和插花等。
金	财运 事业运 锦轿运	全部快乐的事、得到他人帮助、丰富的生活、饮食、娱乐、贵金属、刃物、圆形状物品、甜品、宝石、老牌子商品。
水	恋爱运 性欲运	信赖、交际、交流、秘密、男女之情、女性行动、女性服装、紧身衣、蕾丝材料、运动服、长围巾、雪纺材料。

-31-

八字的喜忌用神

在八字命理中，经常使用一个专业术语——"喜忌"，这个词在八字命理中很关键，很重要，很实用。因为根据八字喜忌，才可以判断出自己命中适合从事什么样的专业职业，适合跟什么样的人合作，适合向哪个方位发展，适合住什么样的房子，适合用什么样的家具，适合穿什么样的衣服，适合用什么样的颜色，适合佩戴什么样的饰品，以及适合找什么样的对象，等等。八字喜忌实际上是一把钥匙，掌握了八字喜忌，就能开启工作生活的方便之门，大部分问题都可以迎刃而解。

一、八字喜忌

所谓八字喜忌，其实就是指自己的生辰八字中，需用什么五行，或忌讳什么五行。

因为生辰八字，是以天干地支来组成的，这些干支的每个字，都有显明的五行属性，有的属金，有的属木，有的属水，有的属火，有的属土；而这些金木水火土，又区分阴阳属性，并且具有相生相克，或刑冲合害等作用关系。这些五行有多有少，有强有弱，它们的强弱状态，会对八字日干形成不同的影响作用。

二、日干

什么是日干呢？一个生辰八字，是根据本人出生的年月日时排出来的，共有年月日时四柱，一柱有两个字，四柱共有八个字，日干就位于日柱上，就是第五个字。

因为生辰八字中，是以日干（也称日主、日元等）为中心的，日干代表自己，所以有时也称为"自身"（或简称"身"），在一个生辰八字中，尽管有许多不同的五行，但都可以归纳为两大类，一类是对日干起助益作用的五行，即是喜用的五行，即所谓的"用神"；另一类是对日干起损害作用的五行，即是忌讳的五行，即所谓的"忌神"。

三、喜用神

我们常把"喜用"的五行，再区分为两小类，一类为需用的"用神"，另一类为喜好的"喜神"，用神比较好理解，就是八字需用的五行，而喜神也是八字喜用的五行，为何还把它特别区分出来呢？

古人在区分喜忌时，除了区分出对日干起直接作用的五行以外，还细分出对日干起间接作用的五行。他们认为用神是直接对日干起助益作用的，而喜神是间接对日干起助益作用的。比如一个八字火气太旺，需用水来克抑，金来消耗，土来泄耗，那么水金土即可统称为需用的五行。如果这个八字日主生于夏天，火炎土燥，则最需要水来滋润，则此滋润之水，即为所谓的"喜神"，其实这个"喜神"，还是在"用神"之列，没必要特别区分出来。

　　如果这个八字生于冬天，虽然整体火势比较旺，但冬天本来就含水，自然有水滋润，故就无须特意用水来调候了，故此时这个喜神就没有多大意义了。

　　所以依此看来，古人使用"喜神"，是为了调候八字的寒暖燥湿，是着重强调了某个五行在某个时间段的特殊作用。但今人在命理实践中，却没必要如此复杂，而只区分"用神"与"忌神"两大类，也一样可以达到相应的效果。故我们在讲八字"喜用"或"忌讳"时，其实就已经笼统包括"喜神"在内了。

　　但在命理实践中，还有一种情况，也会使用到另一种"喜神"。这就是在从弱格命局之中。因为扶抑格命局之中，其喜用五行只有两种，而从弱格的命局之中，其喜用五行会有三种，这三种五行，虽然都同为喜用，但它们之间，一定有两种五行是相克的。比如一个日主为己土的从弱格八字，其喜用五行是木、水、金，木与金，虽然都为己土日主喜用的五行，但金如果过旺，既泄耗己土起好作用，同时也会克制木用神，伤了木用神而起坏作用，故这时就需要另一种五行来抑制金，使其恰当发挥作用，而不至于伤到木；最能抑制金的，就是火，所以火在这个八字中，虽然为忌讳的五行，但有时克制过旺的金，保护首要用神木，却能起到好作用，故这个不是过旺的火，有时也可以看做"喜神"来用。

四、用神与忌神的判断

　　八字中的用神与忌神，是根据对日干的作用来区分的，其判断的根据，则是根据八字格局判断出来的。所谓格局，一般有五种形式，第一种是身（日干自身）旺格，第二种是身弱格，第三种是从强（从旺）格，第四种是从弱格，第五种是化格。

　　八字讲究的就是一个中庸平衡，身旺则需要抑制，使其由旺变弱，故能使日干变弱的五行，即为喜用的五行。身弱则需要生扶，使其由弱变旺，故能使日干变旺的五行，即为喜用的五行。从强也需要生扶，使其越强越好，故能使日干变强的五行，即为喜用的五行。从弱则需要克制，使其越弱越好，故能使日干变弱的五行，即为喜用的五行。所以，八字的喜忌，就是这样判断出来的。

如何知道自己的五行属性

我们在风水运应中,首先要知道自己的五行属性,到底如何看自己的五行呢?

其实让很多人搞混的是两个概念:纳音五行和八字五行。

一、六十甲子纳音五行

六十甲子是基本的纪年方法。六十甲子与纳音的关系经推衍后,被规定下来,为了记忆的方便,还做了一个《六十甲子纳音歌》,如下:

甲子乙丑海中金	丙寅丁卯炉中火	戊辰己巳大林木
庚午辛未路傍土	戊寅己卯城头土	庚辰辛巳白腊金
壬午癸未杨柳木	壬申癸酉剑锋金	甲戌乙亥山头火
丙子丁丑涧下水	甲申己酉泉中水	丙戌丁亥屋上土
戊子己丑霹雳火	庚寅辛卯松柏木	壬辰癸巳长流水
甲午乙未沙中金	丙申丁酉山下火	戊戌己亥平土木
庚子辛丑壁上土	壬寅癸卯金箔金	甲辰己巳覆灯火
丙午丁未天河水	戊申己酉大鄢土	庚戌辛亥钗钏金
壬子癸丑桑柘木	甲寅乙卯大溪水	丙辰丁巳沙中土
戊午己未天上火	庚申辛酉石榴木	壬戌癸亥大海水

那么六十甲子纳音的术理是怎样推出来的呢?以"甲子乙丑海中金"为例,术数家是这样解释的:

甲九子九,乙八丑八,其数之和为三十四,于四十九内减之,余十五,去十不用而余五,五为宫音,属土,土能生金。这说明了"甲子乙丑"与"金"有关。这个相关是根据五行生克推衍出来的。

又因为子属水,又为湖,又为水旺之地,兼金死于水,墓于丑,水旺而金死,故曰甲子乙丑海中金也。就是说，之所以"甲子乙丑"是"海中"金，是因为"子"与"水"有关，海里的东西当然是水多。还有，"丑"是土，是埋葬和承载"金"的地方。金属到了水了会下沉于水底之土的，所以"甲子乙丑海中金"的道理就得出来了。

这是引用的一段关于纳音五行的由来，不太容易看懂。没关系，至少我们有了一个认识：纳音五行是根据纪年的干支来决定的，也就是你出生那年的干支纳音五行，就是你的纳音五行，也就是同一年出生的人纳音五行是一样的。比如2008（戊子）年和2009（己丑）年的纳音五行都是"霹雳火"，因此也就有很多人认为这两年生的人五行属火。其实我们可以思考一下这两年内生的人五行都是一样可能吗？这只是你生的那年的年五行，并不代表你个人的生命五行。

二、八字五行

根据传统八字的方法，日主出生当天的天干叫日主，也叫日元，代表日主自己，因此日干的五行就代表日主的五行。

一般看个人五行，就看日干，也叫日元或日主的五行。以下附各个天干的五行属性：

天干	甲	乙	丙	丁	戊	己	庚	辛	壬	癸
五行	木	木	火	火	土	土	金	金	水	水

三、怎么分别使用纳音五行和八字五行

命理学认为，纳音五行是掌管人元气机趋向指势的五行，四柱五行是人体接受天元、地元信息的物质能源生化的五行。其中三元是：以天干代表天元，地支代表地元，纳音代表人元，天元、地元、人元即三元，三元各有对应的运作范围。四柱五行通过对流年大运的生克制化来协助判断其吉凶成败。通过纳音五行则可察盛衰气数。纳音五行是不同天干、地支组合生化的，它结合了许多具体的事物——如"海中金""炉中火"之类，这就使得预测更可以联系具体事物。阐述命理的人还为纳音五行的出现和使用找出了很多理由，比如：四柱五行之气是纳音五行之气的本源，纳音之气可补四柱五行气之不足；纳音五行使四柱五行具体化，四柱五行是纳音五行神韵的组成部分；纳音五行可借助四柱五行做出准确判定，四柱五行可根据势态配合纳音五行来观察盛衰……总之，四柱五行中加入纳音五行后，命理的推衍就更灵活更丰富。

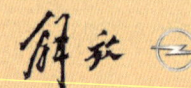

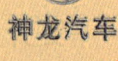

风水学研究的对象是我们的环境，不管是我们身在屋宅还是在汽车里面，都与风水相关，因为这些人所在的环境都会影响我们的行为和情绪。

第二章

汽车品牌风水

　　汽车的品牌能影响车主的运程。中外汽车有许多种品牌，如红旗、奔驰、宝马、林肯、奥迪、丰田、夏利等。现在中国城乡各地，人们都知晓大老板们都是坐奔驰和宝马汽车的，事业刚起步时的小老板们大都是开着捷达汽车等。不是所有的人所乘坐的汽车都是适合于自己的，有的汽车对乘坐和驾驶者会产生很好的作用力，有的汽车会对乘坐人和驾驶人产生很坏的作用力，而且这些现象已经在许多人身上表现得非常明显。如何选购一款适合自己的品牌汽车，才能给自己和家人带来正面能量呢？

常见车品牌的五行属性

汽车也有它的阴阳五行之属性。如白色的汽车五行属金，黑色的汽车五行属水，红色的汽车五行属火，绿色的汽车五行属木，黄色的汽车五行属土等。

五行属木：捷豹、莲花

五行属火：法拉利、阿尔法罗密欧、菲亚特、悍马、福特野马、道奇蝰蛇、马自达、保时捷

五行属土：丰田、本田、日产、斯柯达、大众、蓝博基尼、沃尔沃、土星

五行属金：奔驰、宝马、凯迪拉克、别克、雪佛兰、阿斯顿马丁、宾利、迷你、道奇、庞蒂亚克、雪铁龙、三菱、克莱斯勒

五行属水：玛莎拉蒂、布加迪、水星

五行混杂：劳斯莱斯（木、金）

五行不能明确区分的品牌：福特、铃木、标致、林肯、雷诺、奥迪、陆虎、吉普、罗孚、TVR、迈巴赫、绅宝、西亚特、现代、大宇、起亚

了解汽车的五行后，再根据自己的八字命理，就可以轻松地选择合适自己的坐驾。倘若一个人的八字命理上五行喜水，而他的坐驾车身是黄色的，黄色五行属性属土，土克水，这就会对车主的身体健康或生命安全等造成潜在的不利。轻者会导致心情烦躁，情绪不好等，重者则危及生命安全。

法拉利：法拉利徽章为马，马为火兽，地支为午支。午支五行丁火，位正南，属火。法拉利以红色为宗，赤红属火。法拉利产于意大利，为欧洲大陆正南方，据离宫之位，属火。所以，法拉利的阴阳五行属性必属丁火无疑。

车名与风水的关系

真正认识一款车，它的名字是你认知它的第一感觉。一个好的名字不仅发音圆润，与本土文化契合，更能展现车子本身的特性。这样的名字在筑就营销和产品历史中的作用不可低估。

一、用动物为品牌命名的车

产品命名有讲究，比如很多汽车都是以动物的名字命名的，车名中带有动物名称的并不在少数，从经济型车到豪华车，从轿车到运动型多用途汽车，都能找到这类车名的身影。比如"宝马"、"千里马"、"捷豹"、"路虎"、"翼虎"、"狮跑"等。

这类车名以某种动物为原型，旨在比喻该车有马、虎、豹、狮的奔跑速度。另外，"路虎"、"翼虎"、"狮跑"这些SUV车型，还借用狮、虎这些凶猛的"百兽之王"，强调越野性能。

不知道是巧合还是厂家别有用意，除了借动物的原始特性寓意车辆的卓越性能外，一些车名还能与中国的成语、谚语、典故恰当地联系到一起，为车名增添光彩。

大多数名车在大气这一点上都能合得上中国的一些风水理论。

"宝马"，与中国的"宝马良驹"一词正好匹配，象征着"宝马"一定是车主心中的"宝马良驹"；"伯乐识千里马"的典故常被比喻成发现优秀人才，而"千里马"作为一款车的名字，也寓意着看好它的消费者都是眼光锐利的"伯乐"。

有的消费者幽默地说，选车就得先看车名，好的车名会给车主带来好运气，因此生厂商正是看到了消费者的心理，于是将动物的名称巧妙的融合到汽车产品中。一方面表现产品的独特与比拟，证明汽车性能的高端；另一方面契合消费群体的心理与选择，可谓是一举两得。

名字并不是汽车不朽的唯一理由，但是，好的名字，如福特确实有自己的意义。

二、品牌与车名

一个地域的取名特征肯定与地域文化和汽车工业发展的成熟度有关系。我国的车名，多引进一些汽车的音译名，基本形成了自己鲜明的车名文化特征，像中意、锐意、路宝、赛马、云雀、君威、千里马、飞度等传达着吉祥的事物或意愿的汽车名，用他们来谈论车名文化可能还有些牵强，已经有了值得品评的意义。

取一个既能体现产品特性又能闪现品牌光芒的好车名并非易事。据调查，全球汽车品牌已从二战后全球的55个增加到了240个。这表明汽车制造商们面对的问题就越来越多，而其中的一大麻烦就是为自己的品牌找到一个好名字。

本田飞度

汽车标志风水浅释

目前，我国已进入汽车大国行列，机动车保有量与日俱增，许多人的生活都与汽车密切相关，汽车对人类发展也产生了重大的影响。选择一款好风水的车犹如选择一处风水好的住宅一样，能够达到趋福避祸的作用。因为汽车风水，甚至是汽车标志的好坏，很可能会直接影响人的生命和财富。

一、汽车标志为什么有风水

阳宅阴宅有所谓风水，汽车不是宅，是移动之物，本应不合风水说。然而，汽车偏偏又是变异之宅，是移动的家，尽管不藏风聚气，也暗中具有风水玄机。

如果我说不同汽车的外形、结构，也有不同的风水，也分吉凶，这个应该不难明白。但是现在我要说车标的风水，恐怕就令人生疑了。然而车标之象，难道不是汽车整体风水的一部分吗？

象为什么具有灵力，是因为象、数、理是三位一体的东西，即象必有数理，数必有象理，理必有数象。举个简单的例子，千人千面，每个人的命运不相同，就是每个人背后的数

和理以及他表征的象各自不同。这是相术的理论依据。为什么刘德华能成就演艺辉煌，为什么他是独一无二的，他有独一无二的象、数、理。换句话说，就算有个人跟他长得一模一样，也不会有他的相同命运，因为此人徒有刘德华的象，却没有刘德华的数理。但是和刘德华一模一样的人有么？绝对没有。所以某种象也可以代表了它背后的独一无二的数理。这就是看车标的象，就知道此车的数理风水的原因。

二、车标的影响力

之所以立此异说，是因为车标的确影响了部分人的购车意向。难道不是么？也许你会有一个有力的反驳，即为什么同一个车标的车，有人安然无恙，有人却死于车祸？其实就好比住进一个凶宅，有人会死，而有人会没事一样，宅有风水，人还带命运，风水之宅和居住之人还有一个互动，车也是一样。一部不吉之车，也可能有人有事有人没事，这是人车互动。这时候你可能说，那就对了，这不等于开什么车都一个样么？错。还是不一样。在凶宅里没事的人，他多多少少也会受到一定的影响，这个影响可能是生理的，也可能是心理的。这就是我说说车标风水的一个原因。

常见车标的由来及含义

车标是汽车身份的重要组成部分，可以为汽车带来尊贵和荣耀。车标的风水，主要指向车标的象的灵力。你知道它们的含义和来历吗？

一、大众

大众汽车公司是一个在全世界许多国家都有生产厂的跨国汽车集团，名列世界十大汽车公司之一。公司总部曾迁往柏林，现在仍设在沃尔斯堡。目前有雇员26.5万人，整个汽车集团产销能力在300万辆左右。

大众汽车公司的德文Volks Wagenwerk，意为大众使用的汽车，标志中的VW为全称中头一个字母。标志是由三个用中指和食指作出的"V"组成，人们以V代表了胜利，表示大众公司及其产品必胜——必胜——必胜。这个车标洋溢了自信的、奋发向上的精神，皮实严谨的德国造车，获得了大众的青睐。

大众商标简捷、鲜明、引人入胜，令人过目不忘。

二、奥迪

奥迪这个名字可以追溯到19世纪晚期，1969年进入美国市场，也是我国引进的第一种高档轿车，最知名的产品quattro四轮驱动轿车，大约85%quattro汽车是在美国销售。

德国大众汽车公司生产的奥迪（Audi）轿车标志是4个连环圆圈，它是其前身——汽车联合公司于1932年成立时即使用的统一车标。4个圆环表示当初是由霍赫、奥迪、DKW和旺德诺4家公司合并而成的。每一环都是其中一个公司的象征。半径相等的四个紧扣圆环，象征公司成员平等、互利、协作的亲密关系和奋发向上的敬业精神。

奥迪标志含义：兄弟四人手挽手。

三、奔驰

1886年戈特利布·戴姆勒和卡尔·奔驰同时发明了汽车。当时戴姆勒的公司标志是一颗三叉星，1916年在它四周加上了一个圆圈，在圆的上方有四个小星星，下面是戴姆勒公司的汽车名字"梅赛德斯"。卡尔·奔驰公司的商标最初是月桂枝包围的"奔驰（Benz）"字样。

1926年两家最古老的公司合并，自然也将商标合在一起，中间是三叉星，上面是"梅赛德斯"，下面是"奔驰"，两家之间用月桂枝连接。

今天，这家公司的商标已简化为形似方向盘的三叉星，喻示向海陆空发展。奔驰汽车的标志是简化了的形似汽车方向盘的一个环形圈围着一颗三叉星。三叉星表示在陆海空领域全方位的机动性，环形图显示其营销全球的发展势头。

奔驰标志含义：象征着陆上、水上和空中的机械化。

四、宝马

德国宝马汽车公司生产的宝马轿车，被誉为高级豪华轿车的典范，它风靡欧美，世界各地的车迷们对它情有独钟。宝马的车标里彰显的BMW字符，更被人解读为"别摸我"，这就是宝马能成为高贵矜傲的符号的一种潜意识灵力。有经济实力的人很多倾向买宝马，因为同为顶级车，宝马的车标从风水的角度分析不易生是非。

宝马即BMW是德文巴伐利亚汽车工厂的缩写，它原是一家专门生产发动机的公司，同时以制造高级摩托车出名，和日本的大发公司有相同之处。BMW今天已成为全球高级轿车领域王牌公司之一，德国双B（Benz和BMW）之名威震四海，"坐奔驰，开宝马"这句话家喻户晓。宝马轿车的标志选用了内外双圆圈，在双圆圈环的上方标有"BMW"字样，这是公司全称3个词的首位字母缩写。内圆的圆形蓝白间隔图案，表示蓝天、白云和运转不停的螺旋桨，创意新颖，既体现了该公司悠久的历史，显示公司过去在航空发动机技术方面的领先地位，又象征着公司在广阔的时空旅程中，以最创新的科技、最先进的观念，满足消费者最大的愿望，反映了宝马公司蓬勃向上的气势与日新月异的面貌。

宝马的车标里彰显的BMW字符，更被人解读为"别摸我"。

-45-

五、福特

福特汽车公司的商标是蓝底白字的英文字样,"Ford"犹如在温馨的大自然中,有一只可爱、温顺的小白兔正在向前飞奔,象征福特汽车奔驰在世界各地,令人爱不释手。

福特公司是世界第二大汽车制造商(通用汽车第一),拥有福特、Jaguar、林肯和Mercury商标,Ford Taurus及F-系列Ford卡车皆获极大成功,是世界最大的汽车金融服务提供者。拥Hertz汽车出租公司(美国最大),并在一些国外汽车厂家中占有股份,其中已实际控制日本马自达,美国之外的销售额为总量的30%,现正出售在间接完全控制的提供金融,出租及相关服务的Assonwtes First Capital Corp

的股份。1903年,亨利·福特创建了福特汽车公司,公司名称取自他的姓氏。1911年,商标设计者为了迎合亨利·福特的嗜好,福特车标是椭圆包住"Ford",就将英文"Ford"设计成为形似奔跑的白兔形象,一博福特喜爱动物的欢心。

六、凯迪拉克

凯迪拉克轿车是美国第一大汽车公司——通用汽车公司生产的五大车系之一。1902年英格兰工具制造商亨利·利兰德在美国底特律城创建了一家汽车公司。亨利·利兰德为了表达对安东尼·门斯·凯迪拉克的怀念和敬意,就用凯迪拉克命名自己的公司。通用汽车公司在1909年收购了凯迪拉克,同年凯迪拉克产量几乎达到6000辆,20世纪70年代,凯迪拉克出产了600多万辆汽车,现在主流产品有Escalade等。

凯迪拉克标志由冠和盾组成:凯迪拉克商标是凯迪拉克家族在古代的宗教战争中,使用的"冠"和"盾"型的纹章图案。"冠"上的七颗珍珠表示凯迪拉克军队是一支金戈铁马、英勇善战、攻无不克、无坚不摧的英武之师。

标志分析

★ "PORSCHE"字样在标志的最上方，表明该标志为保时捷设计公司所拥有；

★ 标志中的"STUTTGART"字样在马的上方，说明公司总部在斯图加特市；

★ 标志中间是一匹骏马，表示斯图加特这个地方盛产一种名贵种马；

★ 标志的左上方和右下方是鹿角的图案，表示斯图加特曾是狩猎的好地方；

★ 标志右上方和左下方的黄色条纹是成熟了的麦子颜色，喻示五谷丰登；

★ 标志中的黑色代表肥沃土地；

★ 标志中的红色象征人们的智慧和对大自然的钟爱。

七、保时捷

"保时捷(PORSCHE)"曾译名为"波尔舍"。"保时捷"牌汽车的文字商标，采用德国保时捷公司创始人费迪南特·波尔舍（他曾在奔驰公司当设计师，于1930年离开奔驰公司，并创建保时捷设计公司。他的第一件成功作品就是大众公司的"甲壳虫"轿车）的姓氏，图形商标采用公司所有地斯图加特市的盾形市徽。1948年，第一部以"保时捷"命名的跑车问世。从此，"保时捷"公司以高超的技术和优雅的艺术造型，在跑车世界占有一席之地。

保时捷的标志组成了一幅秀丽的田园风景图，展现了"保时捷"公司辉煌的过去，并喻示了"保时捷"公司美好的未来。

八、丰田

仔细看丰田的车标，椭圆里是一个牛头之象，有头有脸，有角，既暗示了丰田像牛那样默默耕耘，颇富冲劲，也暗示了丰田也有亲民的气质，能博得众人的好感。

1933年，丰田汽车仅是丰田自动织布机公司的一个分部，1937年时令人激动的丰田汽车公司正式成立了，1947年其产量超过了100,000辆，1957年丰田汽车进入美国，现在几乎一半的丰田汽车在美国生产和销售，其生产的花冠轿车享誉全球，创单一品牌最高销售纪录。丰田曾经有意替代现在的大众和中国合作，因为种种原因，未能成功，现在已经在国内有了合资项目，其中与天津汽车公司合资的发动机生产线已经开始运转，和四川客车厂合作在中国生产中国版考斯特中型高档客车。

20世纪90年代，丰田开始使用新商标，新商标是将三个外形近似的椭圆环巧妙地组合在一起，每个椭圆都是以两点为圆心绘制的曲线组成，它象征用户的心与汽车厂家的心是连在一起的，具有相互信赖感。而且使图案具有空间感，并将TOYOTA字母寓于图形商标之中。大椭圆中的两个椭圆垂直交叉恰好组合成一个T字，这是丰田汽车公司的英文名称，大椭圆代表地球，反映出要把自己的产品推向全世界的愿望。

-48-

九、雷克萨斯

1989年，日本丰田汽车公司推出了LS400和ES250豪华凌志轿车，第一年便销售了60 000多辆，在1991年成为豪华轿车中重要的一员，凌志在市场主要有6种型号。

雷克萨斯的英文名称Lexus发音在英文中能使人联想到豪华之意，雷克萨斯商标由图形商标和文字商标两部分组成。

雷克萨斯的商标不是采用常见的三个椭圆相互嵌套形式，而是在一个椭圆镶嵌英文Lexus第一个大写字母L，并被镶在散热器正中间；车尾标有文字商标Lexus，喻示该车驰骋在世界各地的道路上。

十、三菱

三菱汽车公司于1970年从三菱重工业公司独立出来，是日本汽车行业中最年轻的汽车制造公司。另一方面，三菱集团有着生产汽车的悠久历史。早在1917年就在日本首次推出了成批生产的三菱A型轿车，于1932年又完成了FUSO汽车最初车型（B46型客车）的生产。

三菱汽车公司继承上述的优良业绩和传统，全力以赴，再接再厉，不断研制出各种优质且富有个性的小轿车、商用汽车、卡车及客车。三菱汽车公司以先进的技术和丰富的经验生产出的各种汽车，在外观、性能、安全性方面均获得了各方的高度评价。

三菱的标志是岩崎家族的家族标志"三段菱"和土佐藩主山内家族的家族标志"三柏菱"的结合，后来逐渐演变成今天的三菱标志，于明治43年（1910年）以现在的形式用于三菱合资公司的英文版营业指南书上。

三菱的标志有锐气，奋发向上，锐意进取，但不能大众化。

十一、劳斯莱斯

查尔斯·劳斯先生是一位贵族和赛车手，爱交际，广结友，他一直想生产一部真正属于英国的车，亨利·莱斯先生则是一位杰出的工程师，多才多艺，对查尔斯·劳斯的计划颇感兴趣而与他结缘，共同生产英国名车。

第一辆劳斯莱斯车诞生在曼彻斯特，从此开始了备受推崇的生涯。

1906年，查尔斯·劳斯和亨利·莱斯共同创建了劳斯莱斯公司，开始，劳斯莱斯公司从事于飞机发动机的制造，汽车是后继产品，现在仍继续生产飞机发动机。

1998年大众汽车集团收购了劳斯莱斯，当时宝马公司也提出了收购劳斯莱斯意向，国内现在有为数不多的几辆劳斯莱斯。

劳斯莱斯的雕塑商标是一尊银光闪烁的飞翔女神像，"飞翔女神"雕像的由来，也有一段故事。

1911年，经朋友蒙塔古爵士的介绍，查尔斯·劳斯先生认识《汽车画报》的画家兼雕刻家查理士·赛克斯，他恳请查理士·赛克斯为"劳斯莱斯"设计一尊雕塑商标。赛克斯就以本报社的莎恩顿小姐为模特，设计出"飞翔女神"，意为速度之魂。1911年2月6日，"飞翔女神"降临到劳斯莱斯身上，整个世界都沉浸在清新的空气和羽翼振动的美妙音乐旋律之中。"飞翔女神"启用的典礼，其隆重程度不亚于第一辆劳斯莱斯轿车下线。

劳斯莱斯汽车的标志图案采用两个"R"重叠在一起，象征着你中有我，我中有你，体现了两人融洽及和谐的关系。

劳斯莱斯

十二、法拉利

生产法拉利Ferrari赛车的意大利阿尔法·罗密欧车厂的标志，设计得比较复杂，是以古时候意大利米兰兴旺的维斯康泰家族传说为创意背景。标志为一条龙正在吞食一个婴儿，据说在5世纪时这条龙被维斯康泰家族的祖先杀死。而那红色十字是阿尔法车厂于1910年加到标志上的，象征着维斯康泰家族参加过十字军东征。

到1925年，阿尔法汽车的标志又多了一个桂冠，以纪念当年夺得格兰披治大赛的胜利。"阿尔法"的赛车则采用另一著名的标志：法拉利"腾跃骏马"。法拉利本人于1920年投效阿尔法车厂当试车员，他也参与赛车。1923年法拉利在沙维奥的赛车胜出之后，意大利空军王牌飞行员巴拉加的母亲，把她儿子获得的"腾跃骏马"的徽章赠给了他。

法拉利在那个标志里加上黄色底，这是他所在地摩德纳市的传统颜色，又在那匹骏马的上方加了意大利国旗。

法拉利赛车的标志是一个盾牌，印在驾驶室旁边。1947年它被改为长方形并成为第一款法拉利普通汽车的标志。

十三、林肯

1920年 Henry Leland 制造了第一部林肯汽车，两年后林肯汽车被Edsel Ford收购，成为福特汽车公司中的高档豪华型商品。1945年林肯–墨丘利成为福特公司的正式分部。

林肯汽车的标志采用林肯总统的名字为汽车标志。

林肯牌加长汽车

十四、别克

别克的"三盾"标志是以一个圆圈中包含三个盾为基本图案。它的由来可以直接追溯到汽车制造业的奠基人苏格兰大卫·邓巴·别克的家徽。

别克标志发展至今日为人所熟悉的"三盾"样式经历了近半世纪的演变过程。20世纪30年代中期,在底特律公共图书馆内,通用汽车风格研究员拉浮波在1851年编写的《消失的家徽》中发现了苏格兰别克家族的家徽。别克家族的家徽是一个红色盾形标志,银色和蔚蓝色围棋格子带状图案从左上角穿过直到右下角。在盾的右上角有一长有鹿角的鹿头,在盾的右下角有一金色十字架,十字架中间有一圆孔,孔中的颜色与红色盾的颜色一致。

别克汽车首次使用别克家族的家徽作为装饰是在1937年的新款车型上,这个装饰标志非常接近于《消失的家徽》中所描述的。在1939年该标志作了修改(变得更长更宽)。1942年盾形标志被又一次改为典型的家徽模式,但在此基础上别克公司作了一些改变,不久以后别克公司投入了第一次世界大战的军事用品的生产。

十五、荣威

用庙门狮子做商标求庇佑。商标中的狮子并非空穴来风，而是国内某寺庙门前的两只石狮子。据说这个寺庙深藏高山之内，颇有传奇色彩。荣威商标之所以采用这对石狮子，是因为上汽"开光"的需要。为了祈福吉祥的未来，同时庇佑所有的车主，镇住原来罗浮商标上的邪气，所以继续采用了原来的商标外观，并特意将石狮子的形象做入商标之中，上汽还专门请了该寺庙的主持高僧对双狮版本的商标模具进行"开光"，才有了今天我们看到的荣威商标。

2006年8月，上汽在收购英国罗孚品牌的同时，着手对商标进行重新设计，荣威的双狮标志脱颖而出，一举击败了其他方案。其实并不是该商标设计得最好看，而是另有玄机。

荣威商标的设计稿，此稿因为像"海盗船"被"枪毙"了。

有人士表示"海盗船"的设计经过国内某著名风水大师看过后认定为"终身漂泊不定，没有自己的居所"，将非常不利于新品牌的发展。你看，采用海盗船商标的罗孚今天命运多舛，现在已经被福特雪藏了，Rover已经彻底over，基本等同于死亡了。

荣威商标的设计稿，此稿因为像"海盗船"被"枪毙"了

罗孚的Rover真的over了

动物图案的吉利标志

风水学在我们的传统文化里可谓源远流长。是人类赋予车的灵魂,用动物来给汽车命名是最常用的手法。敏捷的豹正合了动力澎湃的跑车;面部棱角分明、充满阳刚的越野车用强悍的虎来命名恰如其分。当然,也并不是只有凶猛的动物才能来代言汽车,一些玲珑的小动物也像极了可爱的小型车,如"甲壳虫"的憨态让人过目不忘,"云雀"、"雨燕"的娇小柔美最讨女士的喜欢,海狮的轻盈是小面包车最好的诠释。

车标是一部车的身份证,即使看似最简单的车标,往往也有一段很深的寓意。而单将其中动物图案的车标汇集一处,几乎可以开一个动物园了。

一、脱缰的马——法拉利

1920年,法拉利效力于阿尔法车厂当试车员,同时参与赛车。1923年他在沙维奥的赛车胜出之后,意大利空军王牌飞行员巴拉加的母亲,把儿子获得的"腾跃骏马"的徽章赠给了他。法拉利在那个标志里加上了意大利国旗。

二、奇怪的兽——绅宝

原先造军用飞机的Saab想用头戴王冠、半鹰半狮的怪兽图案传达一种对于战争的警觉,和一种捍卫权力的态度。二次世界大战后,Saab将其制造飞机的技术和经验搬到地面,开始生产汽车。

三、名贵的马——保时捷

保时捷标志采用斯图加特市的盾形市徽。标志正中间的马就是斯图加特市盛产的一种名贵种马,左上方和右下方是鹿角的图案,表示斯图加特曾是狩猎的好地方。

四、神气的羊——道奇

虽然挂的是羊头,卖的可是汽车。这只神气的羊头,既表示"道奇"车强壮彪悍,善于决斗,又表示道奇车朴实无华的平民倾向。不过现在注重内在豪华、舒适但外表朴实憨厚的它已经成为了各地富商名流的不二之选。

五、气粗的牛——兰博基尼

这是一头浑身充满力气，正准备冲击的公牛，寓意由意大利兰博基尼公司生产的赛车马力大、速度快、战无不胜。这只具有意大利血统的公牛所代表的豪华跑车，在欧美的名气绝不逊色于法拉利的那匹骏马。

六、媚舞的蛇——阿尔法·罗密欧

标志中舞动的大蛇，沿用的是中世纪时米兰的领主维斯康泰公爵的家徽，同时这个标志也是米兰市的市徽，十字代表着十字军从米兰向外远征的故事，赋予汽车浪漫与趣味。

七、站立的狮——标致

也许没人想到，一开始这只狮子只是表示锯条的三种品质：锯齿经久耐用———像狮子的牙齿；锯条柔韧不易折断———像狮子的脊柱；切割的速度———像腾跃的狮子一样迅捷。

八、扑食的虎——美洲虎

这只来自美洲大陆富有动感、勇猛无比的"美洲虎"，以其雄姿倾倒众多车迷，受到车迷们的特殊宠爱和垂青。更是成为全世界男子汉们向往和引以为荣的最理想车型之一。

九、奔跑的兔——福特

这是一只被艺术化了的小白兔，似乎正在温馨的大自然中自由飞奔。福特汽车公司创始人亨利·福特生前十分喜爱动物，1911年，商标设计者为了迎合他的嗜好，就将英文"Ford"设计成为形似奔跑的白兔形象。

十、展翅的大鹏——阿斯顿·马丁

这只大鹏从天而降，气势非凡，也喻示着公司大鹏般远大的志向。以生产敞篷旅行车、赛车和限量生产的跑车而闻名世界的阿斯顿·马丁·拉宫达公司名声赫赫，不知是否得益于这只大鹏带来的运气。

适合十二星座的汽车品牌

一、白羊座——悍马（越野之王）

悍马（越野之王）彪悍的外观设计，超强的越野性能，无论是高山雪地，还是沙漠戈壁，在它面前都如同平地。它是汽车中的强者，冒险和征服是它的最爱，把不可能的事情变成事实，便是它仰天长啸的资本，这便是白羊座男人们梦中的坐驾。

人文链接

12星座划分日期

星座是按阳历来计算的。

白羊座：3月21日—4月19日
金牛座：4月20日—5月20日
双子座：5月21日—6月21日
巨蟹座：6月22日—7月22日
狮子座：7月23日—8月22日
处女座：8月23日—9月22日
天秤座：9月23日—10月23日
天蝎座：10月24日—11月21日
射手座：11月22日—12月21日
摩羯座：12月22日—1月19日
水瓶座：1月20日—2月18日
双鱼座：2月19日—3月20日

二、金牛座——劳斯莱斯Corniche

百年的经典劳斯莱斯，自从诞生的那一天起，就一直坚持着它一成不变的宗旨，务实而不浮躁，始终注重着每一个细节的品质；它没有张扬的外表，但它的内在却是没有谁可以比拟，那是一个多世纪辛勤与智慧的积淀，是高傲与尊贵的集中展现。

三、双子座——玛莎拉蒂

玛莎拉蒂，来自意大利的传统名门，带着浓厚的地中海气息，不管经历何种变故，依然坚持着自己的美丽，在保持自身固有风韵的同时，不断地追逐着流行趋势。优雅的外观，澎湃的动力，在风雨与彩虹间，誓将美丽与动感进行到底。

四、巨蟹座——沃尔沃

巨蟹座的朋友与沃尔沃在安全与自我保护方面的看法不谋而合，对于核心价值观的共同看法，以及新加载的激情、活力、超强吸引力等元素，再加上驾驭的愉悦感和拥有汽车的真正感觉，沃尔沃怎能不成为蟹儿心中的至尊之宝。

五、狮子座——梅塞德斯-奔驰

没有哪一款汽车的影响能够超出这个最早安装在马车上的怪物所带给人们的驾驭的愉悦感受，它的内涵已远远超越了汽车本身，成为一种象征，一种标志，一种汽车文化的图腾，是值得供奉的神灵。拥有它，所体现出的自信与豪迈，绝不仅仅局限在物质与财富的范畴。

六、处女座——保时捷911

保时捷911来自德意志的一款时尚跑车，它一直以来，始终坚持着自己的生产理念，内外兼修，注重品质，追求着舒适与完美。它虽然没有法拉利的张扬，比不上兰博基尼的前卫，但日耳曼人的细致与谨慎，在它身上得到了充分的体现，这也使得它一直能稳居贵族汽车俱乐部。

七、天秤座——宾利雅致

宾利雅致来自英伦的豪门绅士，高贵的血统，至尊的品质，极尽奢侈之能事，工艺之精湛，性能之卓越，驾乘感觉之豪迈，是所有的汽车品牌都无法与之比拟的。多少年来，宾利一直占据着高性能豪华车的霸主地位，并成为英女王50周年庆典的专用坐驾。

八、天蝎座——法拉利

法拉利是又一款来自地中海亚平宁半岛的红色狂魔，它性感、狂热，充满了骚动与诱惑，挑战的欲望是它心中无法压抑的冲动，它是一团熊熊火焰，速度与时尚是它的名片，是让人热血沸腾、心跳加快、手心出汗的力量之源。——它永远是神话的缔造者。

九、射手座——道奇挑战者

道奇挑战者(Dodge Challenger)系一种克莱斯勒的跑车，具有跑车和SUV的双重血统，独特的外观设计，给人以眼前一亮的感觉，就好象邻家衣着前卫的小男孩，活泼、可爱，却又充满了青春的浮动与不安。对于乐观而又奔放的射手们，道奇挑战者必定是他们梦寐以求的神。

十、摩羯座——红旗旗舰

在中国，没有人不知道"红旗"这个名字，这两个字已完全超越了汽车品牌的含义，它记录下了中国历史发展的每一个重大事件，它代表的是信仰，是崇拜，是无坚不摧的力量，是勇往直前、永不言败的气节，在国人心中，是任何品牌都不可替代的。如今的红旗，已溶入了世界的潮流，在坚持固有风格的基础上，不断地吸收着其他的先进元素。

十一、水瓶座——兰博基尼

生产拖拉机的意大利人费半奇奥·兰博基尼，以他的倔强、叛逆和永不服输的超凡气概，创造出了人们心中认为的不可能，成为汽车王国中的新贵。它代表了速度、超越、前卫和独一无二，它颠覆了汽车生产的概念，以它的特立独行和脱俗气质笑傲汽车江湖。

十二、双鱼座——阿尔法与罗密欧

创新的技术、完美的设计，富有诗意的名字，带着地中海亚平宁半岛清新的海风味道，宛若莎士比亚笔下的翩翩少年，走入人们的视线，就像一个精灵，唤起你内心深处无限的浪漫情怀，颠覆着传统的概念，创造着新的哲学。

现代购车族喜爱的车型

一、大众：POLO

上海大众直接引进第四代波罗，外观小巧，色彩绚丽，简洁流畅，内饰精致、优雅。全新的汽车底盘，车体尺寸和轮距比原有款式增加，使车内空间更显宽敞。同时还提高了车体和车内的质感，给人以接近高级轿车的感觉。

二、大众：新甲壳虫

新一代的甲壳虫并不幽默，走的是复古之路。新甲壳虫1998年重出江湖，虽然在动力系统布置上与旧甲壳虫迥然不同，但在车厢内的布置仍然继承旧甲壳虫的某些传统，让人感受到有一种甲壳虫时代的连续性：仪表板力求简单明确，一只大圆表记录着车速、温度和油量，收音机在仪表台中央的位置上。整个仪表板与仪表台的布置都体现一个原则——简单，而这正是旧甲壳虫车的精髓所在。

三、奔驰：A160

每当街上有一辆A160疾驰而过，就会吸引众多的目光，因为她实在是太独特，太漂亮了。说起奔驰汽车，大家马上会想起S600、SLK这样的高级房车或跑车，实际上，奔驰的大家族里，还有像A160这样的小型车。她的排量是1.598升，但是极速却可达到180km/h。许多爱好者把她昵称为"小甜甜"，因为她的外形与众不同：她的车头线条呈弹头状，是一条一气呵成的大斜线，车身的其他线条处理也很圆，样子看上去惹人喜爱。值得一提的是A160的天窗是普通车子的两倍大，开着它在阳光下飞驰，享受着新鲜空气的感觉好像是一只快乐的小鸟在飞。

四、宝马：MINI COPPER

宝马MINI Cooper凭借独特的外观、灵巧的操控性能和出色的安全性能赢得了众多年轻一族的青睐，而出身名门的显赫身份以及周身散发的英国式的尊贵气息，更能让人感受到他的绅士风度。

20世纪60年代的英国，拥有财富的年轻人崇尚极度的个人自由、极其自信。滚石乐队的主唱米克·贾格与披头士的全体成员都是老MINI的车主。虽然在四十余年的岁月里，MINI的爱好者遍布全球，但是在中国MINI却是时尚女性的新宠。

2002年底登陆国内市场的新MINI轿车，外形古典，设计简洁实用，驾驶灵活稳定。新MINI是宝马集团的一员，源于英国，具有宝马集团优良的血统，并受到世界各地人们的喜爱。基于这一点，对于近五十万元的昂贵价格你就可以稍稍释怀了。

五、丰田：威姿

威姿设计时髦，椭圆形的曲线将这款小车勾勒得十分可爱，小巧灵活，在拥挤的都市中穿行绰绰有余。在日本Vitz采用1.0升发动机，而在欧美，Vitz也提供1.3升和1.5升发动机。"威姿"在中国发动机选用1.0L、1.3L两款，仅0.3的风阻系数，使得"威姿"展现出经济的低油耗和卓越的行驶性能，并达到新一代的安全标准。拥有纯正丰田血统的"威姿"将其目标直指中国家用轿车市场，意欲树立中国家用汽车的新标准。丰田汽车进入中国市场多年，但具有纯正丰田血统的本土车却不多见。

六、东风雪铁龙：塞纳Xsara2.0i

东风雪铁龙推出了新车塞纳Xsara2.0i的外形与众不同，充满了浪漫的法兰西风情，非常适合时尚女性。独特的2又1/2车厢设计，低垂的车头，微微耸起的车尾，给人一种随时待命的跳跃动感。

难能可贵的是，塞纳不但外形出众，而且隐藏着一颗澎湃的心。排量为2.0升法国雪铁龙原厂的16气门引擎，最大可以提供132匹的马力，0-100km加速为9秒。同时她拥有的6碟CD系统，ABS刹车，EBD制动力分配，双安全气囊等设施，都是女性车友们所喜欢的。这款车的女性车主的特点应该是：中产、时尚、眼光独特、运动。

七、奥迪：TT

相信很多人还记得电影《碟中谍II》中的一个经典镜头，汤姆·克鲁斯与女主角在西班牙的山间公路高速追逐，其中女主角开的车子就是奥迪TT。这是一辆令人着迷的小跑车，拥有她的美丽女性一定是充满了魅力的，而且她的风骨一定是桀骜不驯的那种。

奥迪TT装备了二十气门涡轮鼓风增压四汽缸发动机，输出功率达225匹马力，令顶级版TT的功率/车重比例达到超级跑车的水平。圆形设计和超凡奔跑能力使得TT既平易近人又锋芒毕露。TT的最高车速可以达到260km/h，同时她的悬挂系统非常出色，让你在高速疾驰中享受沉稳。

八、上海通用：赛欧

据说驾驶赛欧成了年轻、有活力、有前途的代名词。雪佛兰赛欧系列同时配备博士5.3版本4回路4感应器、ABS及新一代西门子双气囊等安全配置。赛欧1.6升MPFI黄金排量发动机，其功率和性能在同级轿车中也属于领先，起步加速都十分迅捷。赛欧自排采用世界名牌原装进口的日本AISIN的电子控制三模式自动变速器，具有雪地、运动、经济三种模式，换挡自由顺畅。在内饰方面也不断升级，率先在S-RV车型上加装了原厂天窗，加上全新数码音效CD唱机和RKE安全遥控门锁系统，赛欧在各方面的配备都十分完善。

汽车是流动房屋，无固定座向，是在行进中不断变换座向。从五行八卦说到面相，风水学说是中国千年文化之精髓，存在于万事万物之中。

第三章

汽车外观风水

　　汽车界也越来越注重风水了，从形状、颜色、徽标都会考虑到吉凶。由于生活中对吉祥的诉求，大多通过吉祥饰物与自身命理、属相、五行的吻合达到心理平衡中的谐调。这样，购车人在汽车选购中对车外形能否满足一种普遍的吉祥心理，能否达到通过购车体现自身尊贵，且与自己命理五行好运产生相谐相生，是好运购车的第一步。我们观察汽车的时候，首先会被它的外观造型吸引。对于汽车车身的外观造型，不同的人会从不同的角度去看。现实生活中的汽车外形注注会引起我们吉祥向注。

三菱汽车的外观

从汽车外观辨吉凶

在选购汽车求吉求好运的过程中，汽车外形与吉利标志可以说是至关重要。现实生活中的汽车外形往往会引起我们吉祥向往。由于生活中对吉祥的诉求，大多通过吉祥饰物与自身命理、属相、五行的吻合达到心理平衡中的谐调。这样，购车人在汽车选购中对车外形能否满足一种普遍的吉祥心理，能否达到通过购车体现自身尊贵，且与自己命理五行好运产生相谐相生，是好运购车的第一步。由此看来，了解汽车吉祥外形和吉利标志信息是非常重要的。

我们观察汽车的时候，首先会被它的外观造型吸引。对于汽车的车身造型，不同的人会从不同的角度去看。公务员看重造型、尺寸和色彩，家庭轿车消费者看重功能……但从车的外观和安全角度看，有的车型给人一种凶神恶煞、蛮不讲理的感觉，而有的汽车给人温和、谦让的感觉。

对于行人来说，什么样的车头最危险？是那些高头大马的平头车，包括那些散热器高于人体胸部的凸头车，如客车、运货

当你站在一辆轿车面前，仔细端详，就会发现前大灯就像是虎视眈眈的两只眼睛，保险杠下方的进风口和上方的进气格栅便是用来呼吸的鼻口了，发动机盖当然就是脑门，一边一个的后视镜就是耳朵，它的四轮就是四脚，车身即躯体，流动的燃油便是血液，当然，"噗噗"响的排气就是排放系统了。

车之类。这些车不管保险杠位置是高是低，人被撞后只有垫车底一条路，即使车速很低也会出人命，在停车场轧死人的个案不在小数。无论在什么情况下，对这些车都要敬而远之。不管它外型多么漂亮，色彩多么柔和，看着都是凶神恶煞。

有的车个子较小，保险杠高度不超过人体大腿，如轿车、轻型越野车。但是这些车往往速度比较高，对人体撞击力比较大，人被撞后多数会扑向前挡风玻璃甚至拥抱车顶，有的会滑过车顶，摔到地面。看到这些车，感觉像看到蛮不讲理的街霸。

有少数的车同样牛高马大，但是保险杠位置很低，发动机罩倾斜且前端在人体腰部位置以下。这些车撞人的伤害程度比平头车小，人被撞后倒向汽车一边，被车抱着走。据说目前已经有一种增加行人安全的设计方案，一旦被撞人倒向发动机罩或前挡风玻璃，立即启动保护机构，抱紧被撞的人不让离开汽车。这些车虽然外型有点怪，与众不同，但怎么看都觉得它像一位负责任的绅士。

相车如古人相马

　　风水学中的左青龙，右白虎，相信很多人都耳熟能详，这是固有的观念，一般认为合格的风水一定要左拥右抱，左有青龙相守，右有白虎相顾，后有靠山，才为吉地吉宅。同样，其实一台汽车要成为好车，除了科学上的性能过关之外，其车型车身上能否合乎这个原则，同时也具参考价值。

　　其实，相车同古代相马一样的道理。

　　一辆车子，车的前面等同风水学上的前朝，车的后面等同风水学的背靠，与车子同向，左也一样为青龙，右一样为白虎。一台车子左右要有弧度弯向合抱车身的前面，才为有情，往往才利于驾驶，其实现在很多的名车靓车，就很符合这个原则，线条弧度优美的车子，往往耐用、耐看，不易坏，性能一般也佳。比如"奔驰"这样的靓车，看起来虽然四四方方，方中带一点弧度,这称之为有情。又如宝马、奥迪等车,大多出名或是性能好的好车名车一定多是带弧度的车型,这个大家不妨观察看看。

在我们国家,方向盘多数在左手,即青龙位,而西方很多国家的车,方向盘一般设置在右手,即白虎位,这个与地方属性有关,因我们居东方之位,东方本就是青龙居住的方位,所以设置在左手,为得位,符合我们的习惯。而西方属金,西方本是白虎居住的方位,所以设置在右手,也为得位,也符合他们的习惯。

另外,一台汽车的车身也极其重要,比如有前有后,左右对称,左右相顾,车身亮泽,背靠有情,这些类型的车子一般都能给主人带来好运气。相反,比如那些背无靠,即车身后面是欠缺或是收起,或是前面长于后面的车型,会影响主人的运气,比如做事易冒险,少贵人帮忙等,这些情况会时有发生。

那么小车与一些越野车又有什么区别呢？小车主富、主名、主利,而越野车一般主贵、主动、主义,这就是区别。当然,开越野车的也很多富人,但这种富人与开小车的富人往往有很大的区别。一个是富贵险中求,一个可能是自然富贵。开越野车的人一般性格刚毅、张扬、敢冒险,而开小车的人往往属于踏实较保守型,会有明显不同。

用风水上的话来说,小车属于平洋结穴,而越野车属于高山结穴,一富一贵,自然不同。当然,这些也非绝对,平洋也出贵,高山也发富,法无定法,但有普遍的特点。

越野车主贵、主动、主义

车的外观风水案例分析

自古素有面相之说，信有之，不信亦有之。且不谈面相之说有多玄妙，但古时便有"眉清目秀"、"珠圆玉润"这些个词汇，个人认为自古一直相传至今的文化决不可能是空穴来风。汽车也有"脸"，除了汽车整体线形，基本车型前脸的设计最能体现汽车的设计风格，一般要评论车子的"美丑"也首先关注"前脸"。做生意的人买车都有个特点，就是特别讲究风水和面相。人说"一命，二运，三风水"，自身的不顺都可以靠环境风水变化来改运，当然了，一部好面相的车不仅可以保护驾车者安全，也有兴旺生意、招财添福的功能。

一、新君威——吉人之相

新款君威经过改变后，明显要内敛含蓄了很多，也绝对不失大气，主要是因为别克家族传统的直瀑式中网在上方被延伸了一些，这显得很饱满。同时，大灯的设计也呈现出一种不怒自威的神态，面相学上称眼大者个性坚定不移，不管有多少困难，眼睛大又有神的人依旧能够踏稳脚步，勇往直前。新君威的雾灯、前保险杠以及下中网等细节也与君威有很大的不同，比老款君威更加突出饱满，而地阁饱满者性格也相当的刚强，直来直往，男子气概十足，想有所阻挠也很难，不愧是一款偏运动风格的车型，很适合事业上刚刚起步的青年才俊，勇往直前、所向披靡。

别克君威

二、荣威750 1.8T
——富贵之相

荣威750外形是典型的英系车风格，全车的线条完全沿袭英伦车的美感，雪茄型车身外观赋予了荣威750一种特有的贵族气质，这是在其他车型身上所不能找到的。从面相上来看，荣威750的前脸整体圆润饱满，耳角（后视镜）很圆润，额头宽广，色泽鲜明，引擎盖平缓，一派和善，这些特征均属于富者之相。荣威750的前大灯并不张扬，但是感觉有一种威慑力，面相学上说，眼睛明亮清澈，眼光慑人，嘴巴方正属四海名扬之相，属于名声在外、名噪一时的类型。看汽车风水和给人相面是一样的道理，从面相上能看到内在的气，而从荣威750前面看过去，能感觉到一股令人胆颤的风，并不是说它有杀气，而是在柔和的外形下带有很重的威慑力。也可以说成坐行威严大富大贵。同样从车标上看，荣威的车标是一个盾牌形，上面守左右双狮，狮子历来在被人用来守家护宅，这二者结合自然保佑车主逢凶化吉招徕福分，万事皆顺。这种面相的人一般都非富则贵，典型的富贵之相。荣威750的相貌绝对够商务够沉稳，坐在车里又让人感觉特别有贵气，既体面又实用。

三、凯美瑞
——和润之相

凯美瑞乍一眼看上去颇有动感，特别是保险

-69-

杠的设计，"X"形全镀铬前格栅，头灯采用银色底色，雾灯边缘采用镀铬装饰，都显得颇为精致，也符合国人的审美观。丰田凯美瑞"额头"（车盖）丰润而宽广，乃贵人之相，这种面相的人一般很年轻的时候就拥有固定的不动产。凯美瑞下部两侧"嘴角"上扬，在相学上说，嘴角上翘者人缘较佳，贵人运好。凯美瑞在中国的人缘确实不错，即便是出现刹车门也能逢凶化吉。整个外观给人以温柔、敦厚的感觉，这种车型属于和气生财型。凯美瑞虽然属于偏运动的商务车，但整个一张脸就是好好先生的类型，这种车型属于和气生财型，处事比较圆润，考虑深远，容易在社会上成功。想在事业上大展拳脚的年轻老板用这款车非常合适。丰田的车标看第一眼可能不明所以，但细看你会发现椭圆中藏着牛头之象，牛在中国素来是被人敬重的，很有亲和力，是勤奋踏实的象征，因此也暗示了凯美瑞车主比较低调很容易和人相处，易博得身边人的好感。

四、新领驭——平步青云之相

帕萨特新领驭在整个前脸的设计上做了很大的改变，新领驭横向延伸的上进气格栅直接贯通整个前脸，在视觉上产生车身宽度的延伸感，感觉俊朗大气。下格栅同样采用拉阔处理，并融入U型镀铬饰条。大灯是外观革新的一大重点，灯罩上缘磨砂处理成眼眉的效果，下缘内嵌金属饰条，将大灯与方向盘分隔为上下两层，增强立体感。大灯的设计使前脸两颊突出，这个位置人相上称颧骨，颧骨突出的人善于理财，思考方面比较成熟，务实且有自信，年纪轻的时候就知道怎样赚钱，工作上怎样表现。这类面相一般都能平步青云，30岁前就能事业有成，因此，新领驭的改变从面相学上来说也更加的年轻化，更适合年轻人。

汽车外观装饰风水

从风水学的角度来说，车身装饰太花哨，会使行车的不稳定因素增多，易生意外。

在这个讲究个性的年代，汽车装饰已经成为一种潮流，越来越多的人喜欢把自己的车改装得很个性、很张扬，比如在车身喷绘上斑斓的颜色或精美的图案，简单一点的也要在车里挂上一两个自己喜欢的小饰品。事实上，汽车装饰不仅是一种彰显自我的手段，更是与驾驶者的安危密切相关，专家建议，汽车装饰宜静不宜动，十二生肖各有适合的色彩，一味鲜艳的颜色与太过花哨的图案反而不是那么有利。

一、色彩——用冷色平衡过盛火气

汽车装饰当中最重要的是颜色的选用。总的来说，汽车在《周易》当中属于离卦，五行属火，所以长期开车的人往往火气比较重，脾气也会变得暴躁。因此，车内布艺以及用来装饰车身的图案色彩就不宜太鲜艳，最好用冷色系，如黑、白、银、灰、蓝等，来平衡过盛的火气。

车跟水一样，代表了财，而从五行相生相克的角度来说，自己能克得住的就为财。因

生肖为虎和兔的人，选用车身为黄色的比较旺财。

此，十二生肖若是能根据自身的五行属性来选择车内布艺或车身装饰图案的颜色，就能起到旺财增运的作用。

生肖虎、兔：五行属木，木克土，因此车身选用黄色比较旺财。

生肖蛇、马：五行属火，火克金，因此车身应选用白、银、金等金属色系。

生肖猴、鸡：五行属金，金克木，因此车身选用绿色调能够增强财运。

生肖猪、鼠：五行属水，水克火，用红色比较旺财，不过由于汽车本身就属火，因此也不建议用太鲜艳的红色，如果火气过旺，自身克不住反而弄巧成拙。

生肖龙、羊、狗、牛：五行属土，土克水，因此车身宜选用黑、灰、蓝等颜色。

二、装饰图案——太动感易生意外

不少人喜欢在车身上喷绘或粘贴图案来做装饰，但从堪舆角度来说，并不建议将车身弄得色彩斑斓，因为汽车本性属火，已经很躁动，如果再用动态感很强的图案，尤其是一些凶猛的动物图案，就会动上加动，令火气过于旺盛，让不稳定的因素增多，易生意外。

事实上，从科学角度来说，把汽车打扮得太花哨了也不是件很靠谱的事，因为容易导致司机走神儿，增大交通事故的发生率，欧洲一些国家如汽车彩绘的发源国阿根廷，从20世纪70年代起就禁止在汽车上彩绘图案了。

三、饰物——摆件好过挂饰

同样的原理，车内的装饰最好也是选择静态和冷色调的，尽量不要用挂饰，从科学的角度来说会干扰司机的视线和注意力，增加危险系数；从堪舆学的角度来说也是"动不如静"，所以静态摆件会比挂饰更适合。

一般情况下，生肖虎和兔适合黄色的陶瓷摆件；生肖蛇和马适合白色、金色和银色的金属摆件；生肖猴和鸡适合绿色或原木色的木质摆件；生肖猪和鼠适合红色的化工材料（如树脂、PVC等）摆件；生肖龙、羊、狗和牛适合黑、灰、蓝色的水晶摆件。

生肖为猪和鼠的人可摆放红色的苹果车饰，寓意平平安安。

中国汽车风水排行榜

一、迈腾

口号：集体开光，空前绝后

给轿车开光一事，本来就有些争议，但是从雪佛兰发展到迈腾之后，那就更加登峰造极了。迈腾的一位经销商竟然筹划将108辆迈腾予以集体开光，地点在"亚洲最大寺院——南海禅寺"举行隆重开光大典，经高僧开光后的这些汽车，将以拍卖的方式处理。每台开光车辆都将拥有开光证书以及开光金卡，论规模实为空前绝后。

二、雪佛兰

口号：八僧侍小车，莲花启佛光

论汽车风水界名声最响，还是要数右边这辆绿色的雪佛兰SPARK乐驰。八位黄衣僧人在莲花山鸡鸣寺为这辆连车牌都没有上的崭新小车开光，此消息在新浪汽车频道上出现之后，这些图片就传遍互联网各个角落。甚至引发香港《香港财经论坛》对此发表评论。

三、荣威

口号：双狮镇宅，吉祥富贵

荣威汽车作为中国自主品牌中高端当中的头一辆车，据传在定下车标与品牌名称时就已经有大师谨慎计算过。荣威以其大嘴吃四方,盾形车标挡横祸,双狮镇宅等几项特征位列汽车风水中的最佳之列。

四、克莱斯勒

口号:鹰击长空,风水十道

克莱斯勒300C洋洋洒洒有九条风水吉祥之处,是第一个被体系化阐述风水的汽车品牌。克莱斯勒300C的风水从"前脸"、标志到整体车身设计、车窗安排、内饰等都有作详细的解析。第78页我们详细介绍了克莱斯勒300C的吉祥风水。

五、吉利

口号:朱雀出头,意在天下

吉利在2007年下半年轰轰烈烈的上演了一出"换标营销",汽车行业的各位专家、名博都纷纷出头为其鸣锣开道。在换标事件完美收官时,有高人指出其新车标实为风水上的"出头、点睛"之举。吉利的新标形状像一个眼睛,而比起旧车标来,又增加了一个飞翔的鸟翼,隐喻着吉利在几年沉寂之后,急欲有所突破。

换了新车标的吉利,从风水的角度来看更为"吉利"了

六、君越

口号:全身带8,生财有道

君越风水好的主要理由是车头车尾皆为倒八字形,全车前后车灯都是阿拉伯字母8,全车加起来一共有8个8,是为大发型轿车,有助于生财兴旺。

迈腾的好风水分析

一、迈步腾飞 其名大贵

从其名字上分析，迈者，跨越，腾者，腾飞，象征迈步腾飞，有冉冉上升之意，而其拉丁文名Magotan源于拉丁文词根Magnus，意为"出众的、高贵的、权威的"，而迈腾在大众内部的编号乃帕萨特B6，六乃大吉，六六大顺也，如此美妙的搭配，实属难得。

侧窗方正有力，面积较大，有光明正大之感。

前大灯设计成卧着的8

二、蓄势待发 其势可嘉

大家都知道抬头见喜的说法，这说明一辆车的前脸设计对风水是很讲究的，另一方面，前脸的设计关乎安全大计，大家挑车可要格外注意了。

迈腾的前大灯设计成了卧着的8的形状，助于车主喜迎财神；横向的进气格栅分割成8层，亦是蓄势待发之感，前脸的大嘴呈倒梯形，中间有一分隔，不仅取"驭"之势，更有"分而治之"之感，看重精英车主们"驾"和"驭"的本领。

三、其尾如翔 红火兴旺

灯乃风水中的重要部分，车前灯指引驾驶者看清路向一路前进，有贵人出现顺利生财之意，而车尾灯更是有止煞气守元神之功用，其作用更为重要。迈腾的尾灯也是两边卧着的8字型，同时，迈腾的卧8尾灯外面辅以红色的装饰，不仅能增加灯本身止煞气的效果，更平添旺气，红火非常。

四、轩窗径尺 正大光明

有道是"轩窗径尺，会心于方寸之间"，车的侧面线条和侧窗对车的风水影响很大。迈腾的侧窗取的是光明正大之感，不仅方正有力，而且面积较大，行驶中窗内外动静有道，生生不息，正是动如脱兔静若处子，进退有道方能自在驾驭。

迈腾在C柱之前还有一扇固定式小窗的独特设计，这是取"御"字的真谛。我们都知道后座往往坐的都是最重要的人，让最重要的人坐在后面有充分的视野，以单独的小窗"御"而"守"之。

五、胸怀大志 前途无量

说了那么多外在特质上的风水，我们再来看看内在。迈腾的"心"乃是目前国际最先进的1.8TFSI引擎，我们都知道T代表的是涡轮增压，有此裨益，车主当是无往不利一往直前。

6挡手自一体变速箱，不仅避开了不吉利的"四"速变速箱，更让手动自动完美结合，阴阳和谐，无所不容，如此驾驭，当是胸怀大志，前途无量。

总的说来，无论内外，迈腾在设计时都深谙风水、阴阳之道，不仅寓意吉祥，更有风格上的高度统一，由内而外都紧扣"迈"与"腾"二字，或富贵，或红火，或正大，或兴旺，给人胸怀大志、前途无量之感！

迈腾组织108辆新车集体开光

早在东汉时期，佛教从印度传入中国。道教作为中国的教派也已有1800年历史。如今汽车世界也不断充斥着"开光""五行"之类的佛家道家用语，风水学说正在开始蔓延至汽车行业。

中国的生意人特别相信风水，这点自古有之。也许是因为生意风险大，又有太多不可知的因素，因此，向天企求神灵护佑就成了这些人的"定心丸"。在今天，人们依然不会忽视——居室的风水如何，佩带什么吉物能生财，哪一天是适合开张的黄道吉日……这些当然已经不是什么新鲜事了。近期国内仿佛流行"为车开光"之事，可见车主、经销商对汽车风水的重视，最具规模和代表性的要属迈腾了。

事情发生在河南，当地经销商轰轰烈烈地安排了108辆迈腾赴寺庙进行隆重的高僧"开光加持"仪式，并将开过光的车进行拍卖。

经销商表示：由于迈腾上市以后销售不是很理想，于是他们想到了这样的方式。这样的开光活动受到了当地消费者的追捧，大家都愿意买一辆被开过光的车，能保平安，心理也非常满足。

为此，在社会上也产生了一些争论：

这样的开光活动对消费者来说，特别是有些信奉的人来说，是非常好的事情，同时也是汽车营销的创新之举，因为买车的人当中不乏信奉之人，特别是购买荣威、迈腾这样的车型，大家寻求心理安慰，没什么不好。

也有人认为，存在就是合理，既然这样的事件不是偶然事件，而且有流行的趋势，就说明中国车市的多样性是存在的，没必要否定这种开光的事情，毕竟这不会伤害到任何人；但对于品牌来说，虽然被开光后沾上了福气，但是真正的市场是非常现实的，并不会因为讨口彩就如何，吉利的名字最吉利，但是发展却不如一些名字奇怪的车型，车市还是讲求的真材实料。

克莱斯勒300C的好风水分析

据说克莱斯勒300C因为风水极佳,在北京卖得非常火。当然这款车并不是中国人自己设计的,但却合了中国的风水学说上那一套。下面针对克莱斯勒300C列举其中具备代表性的十点汽车风水之道。

一、徽标三碧

克莱斯勒300C的实体徽标镶嵌其中,其鹰翼形设计象征"鹰击长空",有徐徐上升之意,同时克莱斯勒300C徽标的鹰翼形翅膀由左右三横组成,在风水学上有"三碧入中"的吉意。不仅如此,由于日常停车难免会停在一些煞气较重的地方,如烟囱、医院附近,因此实体的克莱斯勒300C的吉祥徽标可以有效地将一些特定建筑的"煞"化解于无形。

二、外形吉祥

对于整车来讲,车体的规格也决定了抑制煞气的程度。克莱斯勒300C的长、宽、高以及轴距分别为:5015mm、1880mm、1475mm、3050mm,整车比例(0.62)非常契合黄金分割点(0.618)。用风水器具"鲁班尺"丈量后可以发现,克莱斯勒300C的长、宽、高、轴距分别代表财(宝库)、添丁和义(益利)和迎福。从整体外型结构的整体参数看,克莱斯勒300C涵盖了"增财添丁、吉祥富贵"的大吉大利之运势。

三、颜色生旺

从人车和谐的角度看,汽车的品牌、颜色可以分金、木、水、火、土五行;人的命格也有金、木、水、火、土五行之分,因此汽车的大小、品牌可以对人们产生重大的作用力,而汽车的颜色也会对人们产生重大的作用力。从外观上看,含棱角形元素的克莱斯勒300C五行

侧窗小窗式设计有利于守财、保平安、敛气、稳定气场、防邪气。

大而宽的汽车前窗，彰显出开阔、正直、平安。

大而宽直的发动机盖，具备了明堂开阔之吉祥格局。

属金，对应颜色为白色、银色系，而从五行间相生的关系看，"金生水"，而水对应的颜色为蓝色和黑色。"金跟金位旺气、金生水为升气"，因此从五行相生相克的关系来看，克莱斯勒300C所提供的白、银、蓝、黑四种色系可以为车主提供"旺气"和"升气"，力助车主家庭与事业的多重成功，非常符合风水论理。

四、机盖宽直

栈前有明堂，车前有大道。在风水上言，汽车的发动机盖是气口，气口不可太窄，发动机盖越是阔大，就越是吉祥。车前宽广，风水学上，谓之明堂开阔，主利升迁及财利。而克莱斯勒300C大而宽直的发动机盖，不仅具备了明堂之格局，还因其平稳厚重的车型，赋予克莱斯勒300C车身平安的感觉与气质。

五、前窗宽大

如果说侧窗是汽车耳朵，那么前车窗是汽车的眼睛，因此在汽车风水方面，前窗占了非常重要的作用，它的种类、形状、大小对汽车的风水产生了强烈的影响。克莱斯勒300C大而宽的汽车前窗，彰显了其开阔正直、平安的汽车风水。

汽车的前窗是吸纳阳光进入室内的主要途径，因此前窗的大小关系到汽车内部的光线与视野。于内看，克莱斯勒300C宽大的前窗开阔视野，交流内外，引日月星辰、晨曦夕晖，山水的灵气和生机赋予汽车和里面的人。而于外看，宽大的前窗属土型窗，又能使汽车的外立面产生一种较安定稳重的感觉，亦会对人产生平稳踏实的气氛。

六、侧窗和谐

汽车的侧窗是可开的，是吸纳外界空气进入车内的通道，也是私人生活与外界沟通的管道。侧车窗也反映了驾车者的矛盾统一观念，既希望与外界保持适度的距离，获得独立性和安全感，又希望与外界联系在一起，达到和谐的统一，因此需要一条通向大自然，通向社会人群的纽带，侧窗就是这独特的纽带。克莱斯勒300C的侧窗小窗式设计，既有利于守财、保平安、敛气、稳定气场、防邪气，又有利于安定心神，维持车内的独立性。汽车的内外之气都是通过侧窗进出的，但是如果侧窗太大则会促使内气难以平静，开车易紧张，难以松弛。

"轩窗径尺，会心于方寸之间"，克莱斯勒300C的侧窗小窗式设计，身处其中，从窗里望去能看到一幅美好的天然画图，视野舒适，一道千年形成的风景线，赏心悦目；而汽车的行驶生生不息，显示了与外界的息息相关，既可取其动，又可取其静。窗在旁而交融，门在侧则独立，负阴抱阳，极有气势，进可自成一统，出可远足融入社会，如此驾车，确为佳构。

七、内部宽松

克莱斯勒300C不仅外观风水非常出众，其内室的宽大质感与人性化的配备，同样将风水论理的和谐演绎得得心应手。众所周知克莱斯勒300C拥有同级别车系中最大的空间，确定了克莱斯勒300C与内饰上的舒适性和和谐性，无论是从环境心理学上，还是从风水学上讲，宽敞的内部，都是一种令人心安与平和的格局。

八、内饰祥瑞

克莱斯勒300C选用纯正的加州胡桃木或者玳瑁壳，装饰在方向盘、排挡杆和门内把手上，以及方向盘和排挡杆上使用的人造龟甲、桃木，不仅让内部空间有了一种深厚但又平和的木质感，还具有"驱邪避丧"之效，使整车散发一种正直、平和、安神的气氛。此外，克莱斯勒300C采用了双色调内室设计风格，刻度盘采用了亮银色表面以及镀铬装饰环，衬以淡绿色背景灯，不仅使整车内室充满着浪漫的复古气息，并将无形中的水与土巧妙结合，浑然天成。

九、后劲勃发

后轮驱动是世界顶尖豪华车的专属配备，克莱斯勒300C采用了后轮驱动，不论是操控性上，还是在汽车风水学中，都是画龙点睛之笔。风水的本意在于风水的变化之道，无论其五行还是风水，均需具备流动之势，克莱斯勒300C来自戴姆勒技术的后轮驱动系统，其本性如火，不仅赋予了克莱斯勒300C地道的欧式操控，行驶中的平顺以及安稳，还使驾驶克莱斯勒300C平添了很多驾驶乐趣。

克莱斯勒300C除了在这些细节上暗合风水，其整体也融合了五行的统一。我国文化精髓之处在于讲究天人合一之道。每个人都受阴阳五行之气的左右从而导致人生的吉凶各异。我们无法从根本上改变命运，唯一可行的是利用风水之道趋吉避凶。克莱斯勒300C与五行之中，流势如水，性能如火，外观主金，内饰主木，而又性情仁厚，性直、情和，以土主信性，重厚宽博，无所不容。

君越的好风水分析

君越是一款融合购车者生财愿望最多的车型,其多处细节的车身设计均有体现。

一、开头发

君越的车头是一个大"八"的形状,前脸是一个笑脸的设计,有助于车主喜迎财神。

我们凡事都说要有好彩头,在开业店庆、入住新房等一些人生大事上我们都特别注意开头要吉利,都有开头吉利一路吉利的说法,所以我们看一辆车首先要看该车的车头是否符合吉利生财。

二、吉灯高照

君越前头和车尾的车灯两由八个"8"构成,每个灯芯又是"8"的造型,有助于生财兴旺。灯在我们看来,是吉祥如意的物品,新春万家都要灯火通明,一派火红兴旺。我们每个人在人生路上,都会遇上不少人,有的是给自己造成诸多不顺的,也有的是我们的贵人。车灯一有指引驾驶者看清方向一路前进,二有贵人出现顺利生财之意。所以,车灯的设计尤为重要。

三、财路顺通

君越畅如流水的车顶弧线,还有贯通侧身的腰线巧妙衔接,形成延绵不断、一气呵成的永恒流线,是生财顺利的好兆头。

中国人做事讲究"顺",经常说事事顺利,事事顺心。做事不顺,影响事业和心情。车主生财,自然也要顺顺利利,不能太多阻碍,所以车的外形非常重要。

人文健康

百年汽车历史上的第一

第一个最快卖到100万辆的"富翁"是福特汽车的"野马",它在出厂后的第23个月又23天卖出了第100万辆车。

第一次赛车活动于1894年6月11日在法国巴黎举办。

第一个汽车展会开始于1899年的德国柏林,有10万名参观者前往2300平方英里的展示场,观赏134部汽车。

世界上第一条汽车装配线。1913年美国的福特公司在底特律建成世界上第一条汽车自动流水装配线,首次实现汽车的批量生产。将当时著名的T型车的组装时间从12.5小时缩短到1.5小时。

世界第一辆流线型车。1934年克莱斯勒公司造出的气流牌汽车是世界上第一辆流线型车,是汽车造型史上的重要创举。

世界上第一辆在月球上行驶的汽车。1971年,美国"阿波罗-15号"宇宙飞船把三名宇航员连同一辆"巡航者-1号"登月车送上月球,这是人类历史上行驶在月球表面的第一辆汽车。

世界上最贵的轿车。劳斯莱斯公司1907年生产的银鬼被认为是世界上最昂贵(估计价值2000万英磅)、最著名的车。曾是英国女王的"坐骑",也是著名影星的爱车。1925年该车停止生产。

世界上第一本《交通规则》。1903年,美国的波斯特·伊诺在所著的《论交通规则》一书首次提出要设立带状人行通道,并指出车辆应靠右行驶等规则,在这些原则指导下,道路法规逐步建立起来。

四、发到底

君越车尾的造型仍采用"八"的设计,别出心裁地把"八"旋转了180°,有助车主生财到手。

我们做生意和干事业,不仅希望开头吉利,一路顺利,更重要的是结果欢欢喜喜以及圆圆满满。所以车尾的设计,也是要注意的。

通常情况下，比较容易被人的眼睛所辨别的颜色更加容易引起道路上驾驶者以及行人的注意，相对不容易发生正面碰撞以及追尾等交通事故，从而更加安全。

第四章

汽车颜色风水

在营销学上有一种"七秒钟色彩"理论,即对汽车的认识,可以在七秒钟之内以色彩的形态留在人们的印象里。对购车者来说,什么车身颜色才适合自己?各种色彩在视觉效果上有何差异?这些问题不仅与个人的喜好、不同文化风俗、地理环境和气候、命理、星座有关,也会对安全产生影响。如何正确地运用五行颜色来调节我们的人体能量场,这其中的搭配学问既复杂又简单。人的身心健康和他所处的环境息息相关,顺应自然是明智之选,汽车的五行与颜色同样影响着人的健康运程。

汽车颜色与车主的命格

现代人买车都比较关心自己适宜选用什么颜色的车。现代人可分为"三命"——寒命、热命、平命，如何通过人的"三命"选择自己适宜的爱车颜色呢？

一、寒命

"寒命"的人宜用颜色是青、绿、红、橙、紫。

"寒命"是"立秋"后"惊蛰"前，但按照阳历来计，每年"立秋"大多数是8月8日，有时会是8月7日；每年"惊蛰"大多是3月6日，有时会是3月5日；总之日历上就会显示那日是"立秋"或"惊蛰"的了。出生在"立秋"后"惊蛰"前的八字，在玄学上称为"寒命"，"寒命"的人宜用颜色是青、绿、红、橙、紫。所以"寒命"的人买车时就选用以上的颜色为宜。

紫色车适合寒命的人驾驶。

二、热命

"热命"的人宜用颜色是白、金、银、黑、灰、蓝。

而另一组是"热命"，"热命"是"立夏"后"立秋"前，"立夏"按阳历来计，大多数是5月6日，而"立秋"也大多是8月8日，所以"热命"是5月6日后8月8日前，"热命"的人宜用颜色是白、金、银、黑、灰、蓝。原来驾驶不宜颜色的车，会经常遭遇抄牌、被撞或是刮花。我有一位朋友是11月出生的，属于"寒命"，应宜用青、绿、红、橙、紫，他以前开的车是蓝色，本想开着车去改颜色的，但可惜一直没有抽出时间去，就撞车了，车架严重损毁，还没来得及买保险，就白白损财。自从改驾驶红色车之后，到现在这么久，都很顺利。

银色车适合热命和平命的人驾驶。

三、平命

"平命"的人宜用白、金、银、黑、灰、蓝。

最后一组是"平命","平命"就是按照阳历计,是在3月6日后5月6日前,即是"惊蛰"后"立夏"前,这组命的人,基本上用色对他们来说没有那么重要,但是要比较下来,宜用白、金、银、黑、灰、蓝,比青、绿、红、橙、紫好。如果真的不喜欢白、金、银黑、灰、蓝,即使用青、绿、红、橙、紫,也没有多大问题出现。

人的八字基本上是分出燥湿冷暖,也可以按命中调候用神来选择颜色。

1. 燥性八字所选颜色:宜用颜色是白、金、银、黑、灰、蓝。
2. 湿性八字所选颜色:宜用颜色是青、绿、红、橙、紫。
3. 冷性八字所选颜色:宜用颜色是红、粉、桔。
4. 暖性八字所选颜色:宜用颜色是白、银、蓝。

结合八字所喜五行选车色

一、根据自己的命理喜忌选车色

首先，分析自己生辰八字，得出自己命理喜用神。人不同命不同，古人的经验总结能给人启示。什么是喜用神？就是调节八字使命运趋向平衡、稳定，能给你带来好运的那种五行。不懂八字五行的朋友，需要找命理师傅查你的八字，找出喜用神的五行来。

色彩风水对人的心理和行为影响是众所周知的。确定自己喜欢的汽车颜色非常重要。比如喜爱红色的人，命中五行喜"火"；喜欢"白色"的人，命中五行喜"金"；喜欢黄色的人，命中五行喜"土"。特别是车体色彩对周围环境风水有巨大影响。

喜金的人：黄、土黄色系列；白、乳白色系列；应驾驶白色、金色的车，车内的布置亦要多采用白色、金色。

喜木的人：黑、蓝色系列；青、碧、绿色系列；应驾驶绿色的车，车内的布置亦要多采用绿色。

喜水的人：白、乳白色系列；黑、蓝色系列；应驾驶黑色、蓝色的车，车内的布置亦要多采用黑色、蓝色。

喜火的人：青、碧、绿色系列；红、紫色系列；应驾驶红色、紫色的车，车内的布置亦要多采用红色、紫色。

喜土的人：红、紫色系列；黄、土黄色系列；应驾驶黄色、咖啡色的车，车内的布置亦要多采用黄色、咖啡色。

概括来说，交通意外大多数是由五行的金与木交战而成，适当的颜色是可以增加自己的运程而可使交通意外的严重性降低。

二、选择与自己幸运色相同的车色

根据你的命运喜用神属性，金、木、水、火、土五种颜色中，一定会有一至两种颜色是你的喜用神，亦即幸运颜色。知道了自己的幸运颜色，就可以调节汽车风水了。

幸运色为绿色的人，可选择颜色为绿色的汽车；幸运色为红色和黄色的人，可选择颜色为红色的汽车；幸运色为白色的人，可选择颜色为白色的汽车；幸运色为黑色的人，可选择颜色为黑色的汽车。

幸运色为蓝色的人，选择蓝色的汽车能带来好运。

三、汽车内部坐、靠垫的色调

幸运色为黑色、白色的人，可以选择冷色调的坐、靠垫；幸运色为红色、黄色的人，可以选择暖色调的坐、靠垫；幸运色为绿色的人，可以选择中性色调的坐、靠垫，或者干脆选择淡绿色的坐、靠垫。如果喜用神是两种颜色的，可以结合选择之。

每一个时代都有它所代表的主色调，每一个对色彩较为敏感的人都有他（她）所喜欢的颜色，这其中蕴涵了人生的玄机，亦可由此解读出数不清的潜在信息。说来有趣，人对某种颜色的好恶之心态是随着他（她）在不同的时间段的不同心情而有所改变的。对汽车的色彩搭配亦如是，人在某一种心情或某一个年龄段内格外偏好某一种颜色是自然的变化，但要注意的是协调地配搭，而不能违背自然规律，单凭一时偏执作某种相悖关系的选搭，从而无意间引发汽车氛围的潜在冲突。

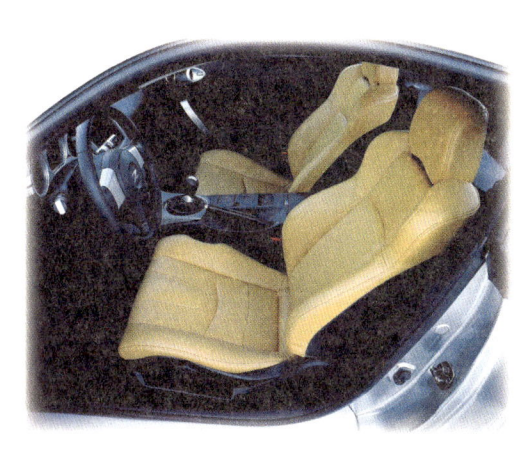

颜色与车主五行的匹配原则

汽车已进入千家万户，成为我们的第二个家。色彩作为产品最重要的外部特征之一，往往决定着产品在消费者脑海中的去留命运。今天我们从东方文化尤其是中国文化的传统来探讨一下色彩与汽车之间的关系。如何正确的运用五行颜色来调节我们的人体能量场，这其中的搭配学问既复杂又简单。人的身心健康和他所处的环境息息相关，顺乎自然应是明智之选。

在汽车颜色的选择上，我们不难发现中国人经典的审美观都是契合五行理论的，而即便是西方优秀的设计师，在色彩、形状搭配方面的成功案例也是契合五行相生的和谐理念的。

五行与色彩，我国古代先哲将宇宙生命万物分类为五种基本构成要素，坐驾中的"五行"，也是金、木、水、火、土。对应五行的汽车同样有着最适合的形状和颜色。但其实，有关坐驾的五行运用搭配只是建议，所以很大程度上要依靠心理暗示来达到心情愉悦及精神振奋，因此无论什么选择还是要以个人喜好为根本。

五行代表的形状和色彩

五行	形状	方位	代表车型	颜色
金	棱角形、长方形	车右侧	凯迪拉克	白、乳白色系列
木	瘦长形	车左侧	兰博基尼MirUa	青、碧、绿色系列
水	圆形、流线形、弧线形	车尾部	甲壳虫系列	黑、蓝色系列
火	尖形、异形	车头部	部分流线形跑车	红、紫色系列
土	方形、厚重形	车体	越野、切诺基	黄、土黄色系列

比如说：某人是命中喜金的，那么他应该选择白色、银色、金色、车身偏长方形的车辆最为有利，如果条件允许的话，还可以选择驾驶位在右侧的车型，这些是对金性的补充。

其他的中间色可依主色系分别归类，但该颜色会在主色所具的属性之外，兼具辅色所具的属性。知道了五行所属的颜色，注意车型与车主匹配，再对五行相互间的基本关系作一些基本的了解。

很多车都属"混合型"，即融多种元素于一车之中，这样则需具体考虑哪行为主，再选择对应颜色为佳。其他的中间色可依主色系分别归类，但该颜色会在主色所具的属性之外，兼具辅色所具的属性。

每一个对色彩较为敏感的人都有他（她）所喜欢的颜色，人对某种颜色的好恶心态是随着他（她）在不同的时间段的不同心情而有所改变的，而这种变化是吻合五行规律自然变化的。但要注意的是协调地配搭，尽量避免违背自然规律。单凭一时好恶作某种五行相悖关系的选搭，从而无意间引发潜在冲突实不可取。

有关五行的颜色运用与搭配自古以来便展现在我们的生活中：有"风水活化石"之美称的故宫紫禁城的五行色彩搭配就绝妙地体现了五行相生的原则——紫禁城的城墙是红色的，而上面的琉璃瓦及故宫众多殿宇的金顶为黄色，体现了五行中火（红色）土（黄色）相生的原理。历经数百年沧桑，紫禁城在今日更显其独步天下的王者风范。而这恰恰印证了我国古代哲学思想与建筑艺术的完美结合。中山公园（社稷坛）内的五色土，涵盖了中华大地东南西北中，这更是五行观念的集中体现。

车身颜色与安全

选择一款好风水的车，犹如选择一处风水好的住宅一样，能够达到趋福避祸、保平安的作用。因为汽车风水的好坏，很可能会直接影响人的生命、健康和财富。

我们认为，汽车颜色也与交通安全密切相关。有些颜色在汽车遭遇紧急危险时，起到加剧肇事的副作用；相反，还有一些颜色却从某种程度上减弱或者遏制车祸的发生。车身颜色对于车辆的安全性和保值率都会有影响。

轿车颜色专家认为，哪些颜色更有利于行车安全是比较复杂的，一般来说浅淡鲜亮的颜色比深色车要安全一些。

一、浅色系颜色安全性高

目前，清华大学的一项碰撞试验表明，汽车行车安全性不仅受车况、驾驶操作等因素的影响，还受到车身颜色的视认性影响，汽车颜色与安全密切相关。

通常情况下，比较容易被人的眼睛所辨别的颜色更加容易引起道路上驾驶者以及行人的注意，相对不容易发生正面碰撞以及追尾等事故，从而更加安全，因此称之为具有比较高的颜色安全性。

二、车色安全性排名

有数据显示，视认性白色好于银灰色，好于蓝色，好于绿色，好于黑色。而给人以跳跃、兴奋的红色，虽然容易引起人们的注意，却也容易引起视觉疲劳，相对的不利于行车安全。

车身颜色安全性排名（从安全到不安全）	颜色名称
1	白色
2	银灰色
3	蓝色
4	绿色
5	黑色

研究表明，在雾天、雨天或每天清晨、傍晚时分，黄色汽车和浅绿色汽车最容易被人发现，发现的距离比发现一般深色汽车要远3倍左右。因此，浅淡且颜色鲜艳不仅使汽车外形轮廓看上去增大了，使汽车有较好的可视性，而且使反向开来的汽车驾驶员精神振奋，精力集中，因此，有利于行车安全。

银白色的车对光线的反射率较高,易于识别,安全性较高,专家建议提高银白色汽车上路行驶的比例,以减少交通事故。

其实近两年,为了适应消费者对个性化车身的需求,不少厂家都开始在颜色上下功夫,相继推出了草绿色、橙黄色、粉色、紫色甚至巧克力色等斑斓的颜色,本身就给消费者提供了更多的选择,因此消费者大可不必费时费力地再去更改车身颜色。

三、车身颜色选择窍门

1. 由于环境污染、车漆成分因素,无论多么鲜艳的车身色彩都会逐渐暗淡,因此请大家做好心理准备。

2. 如果是公务车和商务车,请选择更加大气、稳重的深色,有助于提升车辆档次。

3. 浅色车耐脏,而且小刮蹭不是很明显。深色车即使是细小划痕也会比较明显。

4. 车身颜色也分为男性色、中性色和女性色,根据性别来考虑吧。

5. 随着年龄的增长,车主会对颜色的喜欢会发生变化,如果您在短期没有更换新车的意向,请考虑此因素。

6. 对车的颜色拿不定主意时,看看自己鞋子的颜色,特别是你最喜欢的运动鞋的颜色。

流行汽车的吉祥色系分析

对购车者来说，什么车身颜色才适合自己？各种色彩在视觉效果上有何差异？这些问题不仅与个人的喜好、不同文化风俗、地理环境和气候有关，也会对安全产生影响。

汽车相当于房子，只不过它是动态的，它具有房子风水的特点，颜色就是其中的一项。不同的色彩，进入人们的眼帘后，不但能使人们产生大小、轻重、冷暖、明暗、远近等感觉，还能引起人们产生兴奋、紧张、安定、轻松、烦躁、忧郁等心理效果。颜色能影响人们的情绪、工作效率以及生活和其他方面。

汽车车身颜色，不论对使用者还是对外界，或对车辆的视觉感，都非常重要。汽车车身颜色有多种，各种颜色有不同的意义，同时也在影响着人的情绪。所以在购车时可根据自己的情绪特点及爱好来分析和选择。

成熟魅力

在时装界黑色被称为"永恒的流行色"，而以黑、白、银色为代表的传统大方、清爽明朗的风格，也是目前购车者最为偏爱的三种颜色。这类色彩流行趋势正在向更加中性的色彩靠拢，以带有灰色调为中心的从亮到暗的颜色，因具有沉稳宁静的质感，而给人以高雅的印象。

一、黑色

黑色往往与庄重、沉稳、高贵、典雅等词汇联系在一起。中型和中大型的轿车更加偏重黑色，这不仅与其定位和公务商务用途有关，也因为黑色所产生的压缩效应使车体看起来较为紧凑和坚实。但黑色也是最不耐脏的车身颜色，很薄的灰尘在黑色车身上也会比较明显。黑色也是吸热能力较强的颜色，在日照时间长、光线较强的地区不太适用。

黑色又是一种矛盾的颜色，既代表保守和自尊，又代表新潮和性感；给人以庄重、尊贵、严肃的感觉，又能代表时尚、性感和狂野，因此近来也渐渐应用在小型车上。黑色也是中间色，容易与外界环境相吻合。但除了不耐脏以外，黑色还属于紧缩色，这个特性既能让小型车看起来更加紧凑，另一方面也降低了可视性，影响安全。黑色一直是公务车最受青睐

的颜色，高档车黑色气派十足，但低档车最好不要选用黑色，除非标新立异。

二、深蓝

深海的颜色。与蓝色一样，深蓝色同样表现出一种智慧、冷静，虽然也偏向稳重保守，但不像黑色那样沉重及给人以压迫感。选择深蓝色的购车者往往比较自信，会给人留下可信、可依赖的印象。深蓝色比黑色耐脏，但不如银灰、铁灰和白色。

三、墨绿

墨绿色给人带来沉静和谐的气氛，是比较深沉的颜色，具有宽广的深度。选择墨绿色的购车者比较传统而稳健，基本上是一个压抑的完美主义者，通常有很多理想，但容易世故。墨绿色在20世纪90年代是比较流行的颜色，常见于老款雅阁。

四、铁灰色

中性、低调内敛而优雅的铁灰色，虽然在豪华车中份额有所下滑，但在小型车上正在逐渐流行，适用于那些高品质、线条精简的车型。这种颜色的车也比较耐脏。

五、银灰色

2005年全球汽车市场最受欢迎的颜色，在北美市场占有的份额为26%，在中国和韩国占有31%的市场份额，日本为42%，欧洲为39.7%。银灰色充分展示出金属的质感，同时又不失优雅大方，是一款比较中性的颜色。在各种颜色中，银灰色是最耐脏的。

六、白色

白色给人以纯洁、清新、平和、明快、活泼、大方的感觉，情绪波动性属于中等。白色是中间色，容易与外界环境相吻合而协调，并且白色车身与人们穿白衣服相近，给人以清洁朴实的感觉。白色车相对中性，对性别要求不高。乳白色车身较耐脏，路上泥浆或污物溅上干后不易看出。由于白色能使车体显得大一些，所以在微型和小型轿车中使用较多，在日照时间较长、气候炎热的地区白色也是不错的选择。同时在很多宗教信仰中都推崇白色，因此在一些国家中白色车更受消费者青睐。

动感时尚

今天，嫩绿、亮黄、大红等活泼鲜艳的颜色被越来越多地运用到主打年轻消费群的小型车上，这些靓丽的颜色使人感觉到汽车本身具有的快感和强劲动力，给人活泼、运动的印象。

一、绿色

绿色给人以活力、青春、有朝气、有生机的感觉。情绪的稳定性较好，绿色在环境视野中也是很显眼，一般年轻人喜欢这种颜色。浅淡且颜色鲜艳的绿色有较好的可视性，这是大自然中森林的色彩，也是春天的色彩。绿色的金属漆也一改以前冰冷的色调，以温暖的面貌出现，小车选绿色很有个性。

二、嫩绿

鲜艳的绿色是大自然中草原的颜色，也是生机勃勃的色彩。绿色在人的视觉分辨力中是最强的，人眼对绿光的反应最为平和。由于具有较好的可视性，非常适用于年轻购车者偏爱的小型车上。选择嫩绿色的购车者往往给人留下时髦、活泼的印象。

三、浅绿

这是一种比较少见的色彩，属于略微带有绿色调的银色。就如具有混合动力的浅绿色佳美来说，它的颜色显示了车型本身节能、低排放的环保内涵。

四、深红

具有一些与红色相同的特性，但远不如红色热烈、积极、危险和激情。融合了红色热情与黑色压抑的深红色，常被视为高贵的色彩。性格比较传统而保守的购车者可能会偏爱深红色。

五、红色

红色包括大红、枣红，给人以跳跃、兴奋、欢乐的感觉。红色是热烈、冲动、强有力的色彩，代表着积极、危险和激情，也十分醒目。红色也是放大色，容易从环境中"跳"出来，引起人们视觉的注意，有利于交通安全。选择红色的购车者属于积极主动的类型，外向而乐观，容易给人留下敏捷、充满活力和动感的印象。情绪波动较大，神经不是太好的人不要选择此颜色。红色容易引起视觉疲劳，不利于对其他淡色物体的观察，从这一点上讲，又不太利于安全。

六、蓝色

　　蓝色是永恒的象征，它是最冷的色彩，纯净的蓝色表现出一种冷静、理智和安详。安静的色调，但是感觉非常收敛，个性不张扬，如同我们的星球的深邃和大海的包容。浅蓝色则是较富想象力的色彩，感觉平和而安静。有较强自我意识的购车者可能会偏爱浅蓝色，会给人留下沉着冷静、可靠的印象。我认为蓝色是最能体现其内涵的颜色，蓝色也非常适合个性不张扬的女性，但蓝色不耐脏。

七、黄色

　　黄色的灿烂、辉煌，有着太阳般的光辉。黄色给人以欢快、温暖、活泼的感觉。选择黄色的购车者往往性格活跃，喜欢挑战。比较具行动力及冒险心，是不容易满足于现状的积极派，大部分都有活泼的天性，却又保有强烈的主观意识。与嫩绿色一样，欢快的黄色会给人时髦、变化无常、活泼的印象。黄色是扩大色，在环境视野中很显眼，所以出租车多喜欢涂上黄色，一是便于管理，二是便于人们早早地发现，可与其他汽车区别。但私用车选用黄色的不多。

八、橙色

　　橙色是欢快活泼的色彩，是暖色系中最温暖的颜色，是一种富足、快乐的颜色。这个颜色不像红色那么抢眼，但跟红色一样热情奔放，大方活泼。喜欢橙色车的人有朝气，喜欢标新立异。给人感觉是喜爱嬉笑、健谈、浮躁和新潮。

个性鲜明

在全球汽车市场上，更加个性化的色彩正在逐渐增长，买车人对于色彩的选择也越来越挑剔。一些原有的设计理念已经被打破，汽车个性化时代已经到来。

一、金黄

除了红色，金黄色也是非常醒目的色彩。在我国传统文化中金黄色一般代表着辉煌、庄重和至高无上。在美国和欧洲地区，一辆金黄色汽车会给人留下愉快、享受和充满活力的印象。

二、双色设计

双色车身设计也是顺应汽车个性化时代的一种趋势。如果一辆车可选5种颜色，单色设计只有5种选择，采用双色设计则有5×5的25种选择。在大型车上采用适当双色设计也可以使车身变得"俏丽苗条"。

三、粉红

粉红色的色调比较柔和，代表浪漫、温柔、健康，在日本是女性购车者最为偏爱的颜色。粉红色一方面能将女性迷人的风韵展示出来，另一方面会给人柔弱的感觉。是感情细腻、个性温柔的人喜欢的颜色。

汽车流行色彩个性选择

如果你要买一辆车，你会选择什么颜色？其实对汽车颜色的选择就是对车子个性的选择。红色热情洋溢，黄色亲近自然，蓝色豪华气派，白色则给人以纯洁、清新、平和的感觉，而黑色带给人庄重、尊贵、严肃的感觉，绿色则能给人带来活力与生机……

随着人们追求时尚步伐的加快，越来越多的消费者希望通过车身的色彩来张扬个性。

银灰色车身颜色，在太阳照射下会发出耀眼的光芒，看上去清爽明亮而又不失稳重大方，有商务应酬开出去丝毫不觉掉价。同时，银灰色车最大的好处就是不显脏，新买的车可能每天会去擦擦，过个把月新鲜感没了也就懒得理它，这时就知道不显脏的好处了。另外，因为它颜色亮，特别是晚上行车，迎面来的车看得一清二楚，降低了事故的发生率。

黑色则一直是轿车的争议色。有人认为黑色轿车既保守自尊又新潮浪漫，其实黑色轿车更具有典雅、安全、沉着的人格感召力。黑色的车身，更会让人感觉稳重和成熟，看起来庄重、大气，有它独特的魅力，更适合男性。

银色给人带来的典雅庄重也使其在车市中更具人气。

白色在轿车中是清新亮丽、卓尔不群的象征，正如出污泥而不染的花中之莲，也似处于平凡而不俗的谦谦君子，总给人一种行走在高处的不同凡响的感觉。

蓝色的车开起来让人感觉自由和舒畅。蓝是一种很宽广的颜色，能让人无所拘束而且无所顾忌。

红色是跳跃兴奋的运动色，因其强烈的视觉冲击，成为都市女性购车时的最佳选择。因为它的醒目、动感，给人以开心、激动的感觉。戴上墨镜，开着红色的车在街上呼啸而过，这种感觉棒极了。倾向于选择红色的女性年龄段一般都在18~35岁之间，趋于年轻化。

十二星座最适合的车色

前面我们讲了从命理来选车色，下面我们分析一下从星座来选择适合自己的汽车颜色。

每一个星座分别主宰着各种不同的色调，有着各自的色彩能量；依据色彩所产生的情绪影响来看，十二星座代表的十二种色调，其实就是十二种不同的气氛。试想，如果哪一个星座的人，配上哪一个星座主宰的色彩，就会带来幸运的话，那么不同星座的车友，选择各自适合的颜色的汽车，那也将快乐地享受有车生活。

一、白羊座——红/金黄

热情的白羊座，是天生的勇敢斗士。凡事争先，绝不退缩。只要有白羊座人出现，就绝对少不了热情或冲突的场面。白羊座的色彩能量是红色与金黄色，金黄色的智慧之光，可以缓和火爆又爱支配他人的白羊遇事冲动的个性。一辆红色的奥迪A4或者黄色的POLO，都能将白羊的所有精力贯彻，进而成功。

二、金牛座——红/玫瑰红

稳重诚恳的金牛座，固执起来是十二星座之冠。但其务实与重视物质享受的优雅格调，强调自己所拥有的东西，是非常明确的表现。因此，象征了物质、性与生活态度的红色，就成了金牛座的色彩能量了。一辆红色的雪铁龙C5可以激励金牛座人慢吞吞的个性，加快脚步，极速飞奔，从而不再固守在自己拥有的小天地里。

三、双子座——天蓝/橙色

天赋聪颖的双子宝宝，是天生的好奇宝贝，能够透过灵敏的反应，快速吸取新知，并能将消息传递出去，尤其是茶余饭后的口水聊天战。也正因如此，双子座人是擅长将喜好表现，却不会将情感外露。所以，代表内在爱自己的橙色，和帮助真实表达内在想法的天蓝色，就成了双子座的色彩能量了，选择这个颜色的汽车，可促使双子座稳定地看待自我内心世界，而不至于招摇过了头。

四、巨蟹座——白色/银色

温和却有个性的巨蟹座，是不折不扣的最有家庭观念的蟹蟹。情绪多变，善感易怒，却又容易因为善解人意而得到原谅。不过，喜欢照顾他人的巨蟹，其实心有千千结，可不是那么容易化解的。因此，选择一辆白色或银色的车，让自己透明和坦白，把心胸打开，你就会发现世界的广阔和自我的执着了。

五、狮子座——亮黄/红

像个国王般的狮子座，其实是需要光和热的。所以，充满能量、令人感到开心与热闹的红色与黄色，就成了狮子座的表演舞台，是支持一个能充分发挥正面狮子座能量之人不能缺少的颜色。所以红色或黄色的跑车是最适合狮子座的了。

六、处女座——白/草绿

中规中矩的处女座，是标准的模范宝宝。拥有清秀小佳人之称的处女座女生，在爱情的世界中是十分抢手的（除非你没充分发挥能量）。因此，白色的纯净和草绿的温柔，就是处女座的色彩能量。白色的捷达，一直中规中矩；草绿的QQ，活泼可爱，都是处女座人不错的选择。

七、天秤座——黄/金色

天秤座人的好面子与客气，是十二星座之冠。天秤座需要真正发自内心地喜欢自己，而减少批判自己与他人，多制造一些快乐，因此，柔和的黄色和皇族气派的金色汽车就是天秤座的首选了。

八、天蝎座——黑色/深紫红

深沉极富魅力的天蝎座，总是给人一种高深莫测的观感。一种深沉浓郁的能量，看不见底，却内含多样风貌与变化。静谧高贵的黑色，以及一种又深又厚的紫红色，会令天蝎座人感到安全与自在。紫红色对不喜明亮的天蝎座来说，倒像是黑色，只有透过光线才能发现里面澎湃的红色，黑色的奥迪显然能对应天蝎座的需求。

九、射手座——红/银灰

高级知识分子、活蹦乱跳、喜欢结交朋友、热爱运动的射手座，半人半马的精神，是非常明显的。反应在色彩上，爆发力强，并带有积极与侵略性的红色，再加上与金属般强劲的银灰，像极了射手座自由自在的特质。外表活泼而内在稳重的银灰色帕萨特应是最能抓住射手座的心。

十、摩羯座——红/墨绿

冷漠疏离的摩羯座，最喜欢强调逻辑与合理，尤其是好辩又难辩的精神，常令人望之却步。不过，脚踏实地的作风，多少搬回了一些尊敬与接受。因此，双脚踏在地上好好工作的红色能量，以及擅长思考与学习的墨绿色能量，就成了摩羯座的首选车色。

十一、水瓶座——黄/粉红

水瓶座好奇心强，常常把强烈的愿望和独立精神融合在一起，是一个反习俗和不愿意随声附和的人，说话做事全凭自己的兴趣。因此亮黄色的江铃陆风SUV或者粉红的甲壳虫都能满足水瓶座的欲望。

十二、双鱼座——蓝/黑

善感又善良的双鱼，却老是逃不过自我欲念的缠绕。双鱼想要的东西很多，要到了满腹罪恶感，要不到又耿耿于怀，无法放下。所以，蓝色和黑色的帮助，将为双鱼开发崭新的生活步调。黑色可帮助双鱼心灵平静，而祥和的蓝色除了可以帮助双鱼说心中想说的，更能因为表达清楚得到内心真正的快乐。

十二星座汽车开运吉色

其实，每种颜色都有着丰富的文化底蕴，有着不同的内涵，而不仅仅是一种视觉感受。人们总把购车比作挑对象，选择了一辆合适的汽车就等于挑到一个合适的老婆或老公，可想而知选车的重要性，除开对性能的选择，外观的颜色当然也是购车时一个不容忽视的部分。下面，我们从十二星座的角度，分析一下常见的开运车色。

红色篇

红色，是"三原色"中的一种，也最早被人们所认识，至今也是被赋予最多内涵的一种颜色。在汽车工业中，红色是被广泛使用的一个色系，我们来分析一下红色对12星座有车一族的开运效果吧。

一、白羊座

白羊座的人充满活力，是喜动不喜静的一个星座。他们一坐进驾驶室就会冲动地猛踩油门，一路狂飙，喜欢体验极速的刺激。红色是一种非常热烈的颜色，很容易从环境色中区分出来，高速行驶的时候能提前让人发现这样一个危险目标而让其他车及早闪避，因此，红色对白羊座来说，是驾车的隐形安全带。

二、金牛座

金牛座的人追求高调的生活品位，深知金钱可以给自己带来的好处，对汽车的选择偏向高档和奢华。红色常被称做中国的国色，代表了尊贵和气派，驾驶这样的汽车能给他们一种成功人士的心理暗示。在许多场合，红色爱车还能给他们充分的自信和站在高处的优越感，为事业增加不少前进的动力。

三、双子座

双子座的人极富青春活力，是非常灵动的一个星座。他们善于交际，经常出入各种宴会场合，而红色也代表了喜庆，与他们生活的圈子相当默契。而且红色又是一种动态色，像流动的血液，与双子座人开朗活泼的个性也非常吻合。驾驶红色汽车还能增强双子座人的爱情运，让他们在许多场合都深受异性欢迎。

四、巨蟹座

巨蟹座的人比较敏感，常常担心受到伤害，所以经常为自己寻找安全可靠的保护。缺乏安全感的人常常让自己看起来很强大，就像螃蟹会长着一对跟身体有些不相称的大鳌，似乎在告诫别人——我很危险，别靠近我。而红色正是一种公认的"警戒色"，不想受到伤害的最好办法就是让别人认为你更危险而远离你。所以红色对巨蟹座能起到安抚心灵的作用，让其拥有稳定的情绪。

五、狮子座

狮子座的人威严而且高傲，有一股王者的气质。一般，王者有一个毛病，不喜欢别人忤逆他的决定，因此也容易犯下"一意孤行"、"孤注一掷"等错误。而淡红色色度柔和，有沉静心灵的效果，让他们在作出决定之前都能静下心来理性思考，在听取他人意见的时候也能心平气和地筛选对自己有利的成分。车，经常是参加会议的交通工具，一路上驾乘这辆淡红色的汽车，在到达会场的时候，你已经是个能广纳良言的仁君。

六、处女座

处女座的人羞涩、可爱而且很爱干净。红色也常被认为是稚嫩的象征，比如童装的设计就非常钟情红色系的搭配。驾驶红色爱车的处女座人在各种场合会显得有些娇弱，特别是女性，因此很容易获得别人的帮助。而且深红色的车比较耐脏，许多颜色的脏污容易被浓烈的红色覆盖，也让有洁癖的处女座人少了许多抱怨。

七、天秤座

天秤座的人温文尔雅，处处彰显一股绅士风度。而红色也代表了高雅和庄重，很多晚礼服都做成红色，一是因为红色波长最长，最具有穿透力，能一眼就让人印象深刻。再一个原因就是为了迎合晚会这类正式场合庄重的需要。有句话叫"车是宴会的衣裳"，宴会泊车的质量也代表了宴会的质量，是不是指的车也是宴会的晚礼服呢？选择红色衣裳，选择红色爱车，也让滚滚鸿运选择你。

八、天蝎座

古代达官富贾的府邸都是朱墙深院，起初是为了显示财富和威严，后来也逐渐代指神秘，因为站在朱墙外的人总想知道里面是怎样一个大观园。朱红色的车身显得深沉内敛而且神秘，很符合天蝎座人的性格特质，也是他的幸运色。驾驶朱红色的汽车可以助长天蝎座人的财运，还能让这辆车的主人看起来健康精神，也能带来不错的爱情运噢！

九、射手座

射手座的人活跃、洒脱、追求速度，是喜欢开快车的一群人。红色代表着热烈、冲动，会使人的血液流动加快，大脑高速运转，也可以使人的精神高度集中。它能让射手座人在享受速度带来的刺激的同时也时刻为自己的安全而小心谨慎。

十、摩羯座

摩羯座的人性格比较内向，不太擅长与人交往。而红色代表着活力、阳光，是一种比较张扬、喧闹的颜色，比较能综合摩羯座人性格阴郁的一面。而且红色能增进亲切感，让许多人愿意主动靠近你，使想与人交往但又不敢交往的摩羯少了许多人际上的尴尬，也为自己的事业带来许多成功的契机。

十一、水瓶座

水瓶座给人的第一印象是柔和舒畅的冷静及客观的观察力，还有坚定的意志力和公正的判断力，而他潜存的固执性格平时却不容易表露出来。固执，是水瓶座坚定意志力的极端，是不知通融，过分的冷静。洋红，一种明度适中的红，显得很有张力，代表"博爱"与"宽容"。洋红色的小车，可以压制水瓶座人的固执，让他多一些通融，少一些棱角，不论在人际还是事业上都能带来不错的运气。

十二、双鱼座

双鱼座的人感情丰富，烂漫又有诗意。高明度的粉红色则有温柔、甜蜜、梦幻、愉快、幸福、温雅的感觉，时至今日已然成为"烂漫"的主题色。粉红色柔和而且明亮，能使车厢内的空间看起来比实际宽敞，不会有小空间里的压迫感，能让双鱼座人充分感觉驾乘的舒适性，所以，粉红色可以活跃双鱼座人的心情，好心情，自然会有好运气。

蓝色篇

Blue，蓝色，是冷色调中的一种，在色谱中是青色和红色融合的颜色。随着时间的沉淀，不同地域，不同文化背景，也赋予了蓝色许多不同的含义。用蓝色来装点自己的爱车，不同星座的人也可以得到不同的开运效果。

一、白羊座

白羊座的人性格冲动，只要自己认定的事情就会不惜一切代价要将它完成。这种披荆斩棘的果敢能让白羊座抓住许多有利机会，同时也多了不少缺乏理智的错误判断。天蓝，也是最浅的蓝，像天空一样清冷，从心理暗示来说，它是一种"安抚色"，是令人安静并放松的颜色。驾驶天蓝色汽车，特别是在钢筋混泥土堆成的现代都市中，可以综合掉白羊座人的浮躁，让他多一些理性的思考，在成功的道路上少走弯路。

二、金牛座

金牛座人有着坚忍不拔的品质，是12星座中最具有耐力的一个星座，凡事勤勉为先，因此也是最劳累的一个星座。墨蓝，比较深的一种蓝色，这种颜色会很自然让人联想到森林，有点墨绿成蓝的味道。选择墨蓝色的内饰或车身都会给人一种置身大自然的亲切感，能起到清肺怡神，消除疲劳的效果，不但能让金牛座人时刻都保持昂扬的斗志，还能消减一些金牛人对金钱过强的占有欲念，平添一份恬淡的心境。

三、双子座

双子座的人聪慧好学，被称为"天才的星座"。他们大多都多才多艺，涉猎广泛，但也常常是博而不精，缺乏耐性。湖蓝，一种深邃的蓝，带着一点跳跃的亮光，又深沉得像一汪静谧的湖水，它代表的是"等待"、"持续"、"执着"等含义。作为代步工具的汽车，一个人平均一天要花去1/5的时间与它待在一起，可谓不短，选择这样一款蓝色汽车，冥冥中会给双子座人吃下一颗定心丸，多些钻研的精神和持久的韧性。

四、巨蟹座

　　巨蟹座的人有很好的直觉，非常敏感，他们都是强烈缺乏安全感的一群人。在感情上，孑然一身的时候倒能安然自若，一旦有可能与异性产生亲密关系的机会，反而疑神疑鬼，坐立难安，总担心自己难以把握或者无力消受这份爱情，因此很难进入亲密关系。蓝色代表了"豁达"和"纯净"，容易让人保持乐观的心态，还可以安抚情绪，放松心情。一辆蓝色小车，会给你轻松驾驶的愉悦，还能增强你的爱情运，赶快行动吧。

五、狮子座

　　狮子座的人威严，高傲，他的内心沸腾着强烈的激情，浑身充满着活力和生气。就如草原上的狮子一样，他是一位王者，希望自己可以主宰一切，所以难免给人一些专横跋扈的感觉。蔚蓝，是天空和大海的颜色，代表"宽广"和"包容"。治天下者，智者胜，任者达——可知宽容对这样一位具有领袖气质的人来说是多么重要。把爱车打扮成天空的蔚蓝，朝夕相处之间让自己多一些包容，多一些人气，多一些听取良言的机会，也多一分成就霸业的契机。

六、处女座

他们必须在平静而有秩序的环境中才能保持冷静的工作情绪，整齐、清洁、安静又显得有些呆板，但这样确实可以提高他们的工作效率。蓝色也是种安静的冷色调，用它来装点爱车会平添一种宁静、和谐。而且蓝色显得有些阴郁，狭小的车厢内布满蓝色，感觉像是坐在静谧的海湾，会勾起许多绮丽的回忆。在这个狭小的车厢内你会收获平静的心态，与客户聊天或洽谈容易让你掌控主导权。蓝色小车——让你回到自己的国度，你是这里的君主。

七、天秤座

天秤座的人温文尔雅，显示出谦谦君子的绅士风度。他们还具有强烈的正义感，对违背道德，甚至是有悖自身做人原则的事情都恨之入骨，因此也容易好争好吵。而且他们心意不定，在作出一些重大决定的时候有点犹豫不决。蓝色是一种冷色调，代表"自然"、"优雅"，同时它也代表了"坚定"、"深沉"等涵义。驾驶一辆蓝色汽车，既突显天秤座人的优雅气质，更坚定他们做事的决心，能让他们抓住许多事业发展的好时机。

八、天蝎座

天蝎座是性格强烈的一个星座。他们有巨大的耐力，敢于挑战一切艰难险阻，并且有强烈的征服欲。同时，他们也很难接受失败，如果遭到挫折就会产生强烈的心理反应，甚至产生报复的心理。Blue——正蓝，就如它的英文名字的含义一样，代表了"忧郁"、"低调"等内涵。用正蓝装点自己的爱车，可以中和天蝎座强烈、极端的性格特质，有稳定情绪、消减戾气的效果，让他变得理性、易亲近，可以获得不错的人缘。

九、射手座

射手座的人热情、直率，同时他又崇尚自由，一切让他感觉受拘束或被控制的事物都会让他产生强烈的抵制情绪并有可能走向虚伪的极端。蓝色代指水，能幻化成不同的形态，也借指自由和变通，可以增强射手座人的弹性和容忍度。环境可以改变一个人的心境，车，是日常生活中经常接触的一个事物，也算是一种环境，选择蓝色汽车也是对环境的一种选择。这种环境可以让射手座人更放松，充分感受自由，同时也让他学会忍耐和圆滑的处世之道。

十、摩羯座

摩羯座的人表面平静、淡漠，甚至有点不合群，但内心异常坚定而且充斥着强烈的情感。他们很有个性，会思考，希望自己的想法被所有人接受，有点以自我为中心。学会处理人际关系是摩羯座人登高的阶梯，他们总是把热情压制在心底，以冷面示人。如果能揭掉森冷的盔甲，释放出自己的热情，摩羯将表现出不可抵挡的人格魅力。纯净的蓝色表现出安详，博大，与宽容。给爱车换种颜色吧，让蓝色唤醒你心中的激情，也给你带来好心情，好运气。

十一、水瓶座

水瓶座的守护星是天王星，因此具有前瞻性，对一切新生事物都充满好奇，有点理想主义。对他们来说，可怕的不是失败，而是发现理想与现实的巨大落差后产生的失落感，这种失落感会让他感到迷惘，看不到希望而丧失了斗志。宝石蓝，传说希望女神的原身就是一颗蓝色宝石，因此，宝石蓝代表了"希望"，同时所有的蓝都有"深沉"和"理性"的含义。驾驶这样一款蓝色小车，可以给迷惘中的水瓶以希望，也能让他少些感性，多些现实的思考。

十二、双鱼座

双鱼座的人性格温顺，和蔼可亲，这种柔和的性格会得到所有人的好感，但过分的真诚和友善也容易让他陷入被动的处境，所谓"人善被欺，马善被骑"，也是这个道理。蓝色有沉稳、庄重的特性，驾驶蓝色小车会让你显得更成熟，有股不被侵犯的严肃。而且，蓝色往往会让人产生许多浪漫的联想和美好的回忆，非常吻合双鱼座人的浪漫特质，对爱情运也有明显的提升作用。

黑色篇

黑色基本定义为没有任何可见光进入视觉范围，和白色正相反，白色是所有可见光光谱内的光都同时进入视觉范围内。黑色是一种具有多种不同文化意义的颜色。黑色和白色的搭配，是永远都不会过时的，一直位于时尚的前沿，也是汽车的主流色系。12星座拥有黑色汽车会有不同的开运功效。

一、白羊座

白羊的人充满活力，富有冒险精神，喜欢开着汽车一路狂飙。高速行驶容易错过一路上的美丽风景还很危险。车身颜色不论对使用者还是外界，都带来很重要的视觉感，还能影响驾驶人的心理。黑色是想要隐藏自我而显得特别的颜色，能够对驾驶者起到减速的暗示作用，还是白羊座的人提高行车安全系数的幸运色。

二、金牛座

金牛的人沉默寡言，富有实干精神，喜欢按自己的思维方式开车。行驶中容易闯红灯，违反交通规则。黑色是最丰富的颜色，站在所有表达之上的颜色，能够对驾驶者起到缓解精神压力，平和心境的效力。对于固执己见的金牛座的人而言，黑色带来的既是享受，又能趋吉避凶。

三、双子座

双子的人多变，好奇心强烈，喜欢开着汽车到处兜风。行驶途中不断地改变主意，无心观看周围的美景，且容易疲劳驾驶。黑色是一种激烈的、自我坚持的颜色，不但能让驾驶者坚定自我的意识，而且还能舒缓旅途的寂寞。黑色既能弥补双子座人的不足之处，又能换来全新的感觉，为你带来好运的颜色。

四、巨蟹座

巨蟹的人直观敏感，容易激动，平时开车外出时遇到交通堵塞的情况，不太容易控制自己的脾气。黑色是一个静默的颜色，意味着冷静，有包容的含义，能够对驾驶者起到消除冲动，同时改变运势的牵制作用。黑色对你而言可谓是好处多多，还能提升在社交方面的人际运哦。

五、狮子座

狮子的人高傲，富有魅力，喜欢开着汽车在人群中穿梭。行驶中对路面的判断趋于简单化，极易引发安全事故。黑色是完美的保护色，意味着条理分明的内涵，能够加强驾驶员的综合判断能力，同时能加强好运指数，能为你走向成功助一臂之力，值得多加利用。

六、处女座

处女的人要求完美，爱批评，外出开车的过程中遇到突发事情，容易指责别人，影响心态的平稳。黑色是中间色，容易与外界环境相吻合，意味着沉稳，能够暗示驾驶人理性认识事物，同时启发驾驶人保持一份宁静的内心世界，还能让你的贵人运有效提升哦。

七、天秤座

天秤的人随和，容易惊慌不安，喜欢开车到处游玩。行驶的旅途中遇到小状况，易影响心情，很久都无法平静。黑色是一种尘埃落定的颜色，定格的色彩，能够使驾驶者有心境回归之感，驱除恐慌，同时能提升你的工作运。

八、天蝎座

天蝎的人好斗，反应强烈，开车外出时较喜欢争抢道路，容易与人引发摩擦。黑色有庄重之感，更显冷静，让你懂得谦让，容易获得他人的认同让你有满足感。黑色象征着朴实，同时又蕴含着福泽之意，在外开着黑色汽车会让你好运连连来。

九、射手座

射手的人乐观热情，粗心不安分，外出开车的行驶途中易受伤或无意中伤到他人。黑色是一种孤独之色，有心静之感，让你更懂得如何表现且保护自我，避免伤害他人。经常开黑色汽车还能改善你的气质，沉淀内涵，让你更懂得处世哲学。

十、摩羯座

摩羯的人谨慎，有抱负，开车外出喜欢独来独往，给人产生一种距离之感。黑色不是一种不合群的黑，象征尊贵之意，吸引注意力的内质。开黑色汽车让你变得易于亲近，懂得在人群中展现自我的独特魅力，改善人缘，有效提升桃花运指数，生活会更绚丽多彩。

十一、水瓶座

水瓶的人博爱，略显固执，喜欢和人一起开车去娱乐。黑色是一种自我爱恋的颜色，给人严肃的感觉，象征着含蓄，圆融之意。每天开着黑色汽车让你懂得如何珍惜所拥有的，处理好纷繁的人际关系，同时让你的家庭更幸福美满。

十二、双鱼座

双鱼的人善良，缺乏自信，开车时常有胆怯之感，较容易出状况。黑色是一种暗藏烈性的颜色，象征着能量，持久之意。经常开黑色汽车有助提升你的自信心，保持愉悦的心境，让你在生活中能够刚柔相济，早日美梦成真。

拥有黑色汽车的12星座朋友，如果利用得当的话，好运气自然无处不在。

白色篇

白色是一种包含光谱中所有颜色光的颜色，通常被认为是"无色"的。白色的明度最高，无色相，是色调之源。看看你与白色的缘分是多少，也许它就是你的"真命天子"！

一、白羊座

羊儿们总爱走在潮流的前端，不争个第一誓不罢休，驾上白色这样大牌颜色的轿车当然正合他们的心意。一个代表着初生的原始灵魂和感觉，而另一个则是天然、简单的纯色，两者有着极高的匹配度。好动的白羊偶尔也会愿意享受安静所带来的惬意，就像全身那簇纯洁的白色一样静谧，让白羊在高速行车时也能保持清醒，提高安全指数。

二、金牛座

为了实现拥有爱情、美丽及富有的这些终极目标，牛儿们拼命工作，生活中因为充斥着这些强烈的欲望，以至于多了些冲动，少了些理智。而白色汽车既符合了牛儿所崇尚的高雅生活，又弥补了他们性情急躁的缺点，让他们在享受生活的同时也能心平气和地与人相处。白色是纯洁的象征，对欲望过于强烈的金牛而言，可以提醒他们淡化物质欲念，使其过得更加悠然自得。

三、双子座

双子是个复杂的星座，他们比任何人都更难作出决定，反复无常，显得有些令人捉摸不定。白色是一种让人感觉安定的颜色，对于多变的双子这实在是一种难得的惬意。因此，选择一辆白色汽车会让双子更加明白自己想要的是什么，从而果断地作出决定，这种变化也许让双子本人都难以相信。伴随着消极、灰心、矛盾，双子总拿捏不定自己的想法，白色简单利索的色调相信会将他们行车时的危险系数降到最低。

四、巨蟹座

巨蟹是十二星座中最善于伪装自己的星座，但善良的他们伪装只是为了保护自己，而并非想伤害别人，若选择一辆白色的小车，使自己变得透明和坦白，世界的广阔和自己的固执才会突显各自的价值。蟹座总在人前扮演着守护神的角色，也正因为如此，他们容易左顾右盼，瞻前顾后，这无疑是安全行车的致命伤，白色汽车在蜿蜒曲折的公路上就像一座警示灯，那种清幽透亮的颜色能让巨蟹时刻保持清醒。

五、狮子座

无论在什么场合狮子都无法掩盖自己的王者之风及天生散发的贵族气质，白色是高品位的审美象征，彰显着不容妥协、难以侵犯的气韵，而这些都十分符合狮子的性格。乐善好施的狮子一向自诩为正义的化身，他们匡扶正义、全力以赴，同样代表了正直、少壮的白色可为狮座带来更多的幸运，令其尽显王者之风。

六、处女座

一个是象征纯洁、神圣的星座，而另一个则是象征清纯、无瑕的色调，任谁都无法割去两者之间的联系。拥有"清秀小佳人"之称的处女座配上同样具有清纯气质的白色汽车，不仅让处女座人信心倍增，对于从事创作方面工作的处女座人而言，还能起到激发他们的想象能力及创作灵感的作用，让工作更加得心应手。

七、天秤座

虽然天秤座人性格交杂反复，但对于喜欢的东西也会流露出一种难得的执着和坚定，白色单一简洁的色调可起到坚定秤座追求的作用。白色又是一种万能色，它能调和许多不同的颜色、不同的心情，让人逐渐恢复平静，天秤不妨在购车时选择一辆白色小汽车，让它助你在行车时多几分果敢，少几分危险。

八、天蝎座

天蝎座人处事非常冷静，时常给人一种冷漠而神秘的感觉，且具有极强的掌控欲。白色的纯静、淡定让人气定神闲，天蝎座人虽不喜欢这样透明的颜色，但好奇的他们也会有征服这种跟他毫不相配的颜色的欲望，驾着白色小车，天蝎座人会有一种强烈的满足感，继而把这种感觉带到工作中，为自己赢得更多的事业分。

九、射手座

古语有云：人生天地间，若白驹过隙，忽然而已。也许崇尚自由、追求速度感的射手座正是明白这层涵义才更懂得珍惜自己存在的价值。白色是一个具有优雅气质的颜色，散发出一种清新飘逸的神韵，射手座的人配上白色汽车，不仅将射手座人的气质衬托得更加完美，又让一向向往高雅生活的射手座更懂如何享受人生，幸运指数亦有直线攀升的趋势。

十、摩羯座

摩羯座脚踏实地、坚毅果敢且有着过人的耐力，是土象星座中特征最为明显的一个，因为忧郁、保守、消极，他们不得不强迫自己表现出一种高高在上或严厉的样子来掩饰内心的脆弱。白色是一种恒久的颜色，它显露出的纯静暗示着内心的希望，白色汽车不仅能让生活在繁华都市里的摩羯畅享快节奏的城市生活，亦能让他们找到久违的自由感觉，摆脱"套中人"的宿命。

十一、水瓶座

具有前瞻性、独创性，且聪慧过人的水瓶座受天神乌拉诺斯的庇佑，通常被冠以"天才星座"称号，他们不会勉强你迎合自己的观点，但绝对也不希望你去干涉他们的决定。但过于自负也可能使事情陷入僵局，带着简洁的白色小车，载上几个知心朋友，让自己做一个简简单单的平凡人，享受与人交流的乐趣，让自己拥有更大的进步空间。

十二、双鱼座

双鱼是古老轮回的结束，显示着一种生命的透彻。爱幻想是他们的天性，而且常常将这种情结带入生活中，虽然有些一厢情愿，但也乐得其所。白色——一种容易让人陷入幻想世界的颜色，正是由于太过空灵的感觉，才会让人浮想联翩，浪漫的星座再配以浪漫的白色，定会让双鱼更具魅力，而任何一款白色汽车都能唤醒潜藏在双鱼体内的活力因子，让温柔的鱼儿再体验一下"鲤鱼跃龙门"的快感。

银色篇

银色，一种引领时尚的颜色，无疑成为众人购车时的首选，看看银色会给十二星座带来怎样的好运，坚定您购买银色车的决心。

一、白羊座

白羊座生性好争斗，其强烈的物质欲望丝毫不亚于金牛，但值得注意的是白羊座的这种追求还只能说是为了满足个人的好胜心理。银色一直被人们寓为财富的象征，选择任意一款银色小车，让白羊座的虚荣心得到最大限度满足的同时，还可为他们带来不少好运，让本只能成为英勇斗士的白羊，在银色小车的衬托下具有了贵族气质，又使他们平添了几分自信。

二、金牛座

金牛座对金钱、物质有着极强的占有欲，为了尽可能多地得到自己想要的东西，他们会选择自己认为的最实际、最安全的途径去实现这些追求。追溯银色的历史，最古老的应该算是中国的白银，金牛座人选择一辆银色汽车，就如同拥有了丰厚的财富，暗示金牛座人的鸿运即将滚滚而来。

三、双子座

双子性情多变，做事有些虎头蛇尾、三分钟热度，善变的情绪常常令身边的人措手不及。银色象征永恒与持久，且不乏一种淡雅的气质，双子座人选择一款银色汽车，在享受银色带来的贵族气质的同时，也让自己做了一回执着、坚定的人，保持着工作的热情，全身心地投入到事业中，银色就是这样一种能瞬间改变他们的颜色。

四、巨蟹座

凡事求稳求固的巨蟹很会保护自己及身边的人，"安全第一"是他们始终坚持不变的原则。银色在所有色系中属于感光性较强的一类，黑夜中的银色汽车最易被察觉，一向注重安全行车的巨蟹选择一辆银色汽车当然是最佳选择，不好张扬的他们在驾驶银色小车的同时还能体验到一种高雅、沉稳的感觉，使得行车中的他们更加理性。

五、狮子座

狮子座人一出生就注定会拥有众人所渴望的王者气韵，张扬却不跋扈，骄傲却不傲慢，坚持却不顽固。同样具有王者之风的银色尽显出狮子座人的不凡魅力，驾驶着银色汽车更让他们尽享"尊贵之驱"所带来的贵族般的惬意生活，银色这种明而不亮的颜色让张扬的狮子座人又平添几分成熟。

六、处女座

处女座对人对事均是追求完美，容不得半点瑕疵，这样的性格当然也会使他们对自己要求得精益求精。银色是一种近乎完美的颜色，无论是从审美的角度，还是从实用的角度，都完全符合处女座人的要求，银色作为白色的延伸色，当然具备了纯洁、典雅的气质，不仅在强光下最大程度地保护了车身，在黑夜中亦能保持极高的能见性，而这些都是处女座不可抵挡的诱惑。

七、天秤座

天秤座人一般都具有较强的艺术鉴赏及理解能力，因而理所当然地成为了时尚界的弄潮儿。银色作为现今社会的主流颜色，显示了现代人的审美需求，天秤座人选择一辆银色汽车不仅能让自己大显风采，银色所显露出的庄严神圣感又让追求公平公正的秤子们更加坚定自己的信念，继而为实现这种理想而努力奋斗。

八、天蝎座

　　天蝎座做事低调、冷静，浑身散发着一种神秘的特质，讨厌将秘密暴露于人前，很注意保护个人隐私。银色在西方奇幻的传说中，常被作为祭祀的象征，这种同样被蒙上神秘色彩的特点让天蝎座更易爱上这种颜色，选择一辆银灰色汽车，会让天蝎座觉得更有安全感，迎合了他们追求自我保护的特点，而银色透露出的尊贵端庄之感又满足了天蝎座对于贵族气质的需求。

九、射手座

　　崇尚自由，向往无拘无束的生活，追求速度所带来的快感，洒脱的性格让射手座更具迷人的魅力。银色虽属现代流行元素，但却显示出一种平稳、淡雅的特点，射手座若在购车时选择一辆银色小车，不仅突显了高雅的贵族气质，对一向追求速度感的射手座而言也会起到一定的约束作用，银色时刻显露出一种永恒的信息，正是在暗示人们珍惜生命，这对射手座人会有不小的警示作用。

十、摩羯座

内向的摩羯座为了理想而奋斗，脚踏实地是他们为自己定下的标准，却又因为现实的残酷而有些力不从心。银色是一种能让人恢复平静的颜色，就像流水泉声，让人仿佛回归自然，丢掉内心所有的负累。摩羯座人驾驶着银色小车会有重新认识现实的机会，不是现实太复杂而是自己想法太执着，换一种角度，你会发现其实生活还是一样简单。

十一、水瓶座

天神乌拉诺斯将自己的神力赐予水瓶座，同时也让这个星座成为了智慧的代名词，所以水瓶座人一向自视清高，不为五斗米折腰。银色在成为白色的延伸色的同时，增添了几分和平的气息，驾上银色汽车的瓶子们会体会到友情的可贵，让自己多几分亲和力，将朋友牢牢地绑在身边，并会发现友情不只是茶余饭后的消遣，其实更是一种难能可贵的情感。

十二、双鱼座

浪漫的双鱼对生活品质有极高的要求，是那种宁可为了香槟而舍弃面包的典型人物。银色散发出的浪漫气质更是令双鱼无法抵挡，他们一直将银色列入商品的主流颜色，汽车行业当然也不例外。双鱼带着自己的浪漫理想，开着充满浪漫色彩的银色跑车必定会吸引众人的目光，让温柔多情的鱼儿拾得更多的自信，摆脱自卑者的命运。

大宇宙万事均汇于定数之内,上自星球运转,小如每人成败得失,均受其左右。数,无所不在,并非仅限于人名公司行号,举凡各种标号,万物之符号,均在数左右之内。

第五章

汽车牌号风水

　　车牌号码是一种数理，因为有数就有理，数吉组合则吉，数凶组合则凶。所以，预测车牌号码之吉凶是很有必要的，知凶而趋吉，这才是真正的保险。好马配好鞍，一辆好车就应该配一个吉祥的号牌，它往往诱导甚至主宰一个人的命运。一个吉祥的车牌号码能使人心情舒畅、工作顺利、幸福安康、财源滚滚。这是因为车牌号码同人的名字一样，无时无刻不在起着潜移默化的作用，车号就是车的信息体，直接显示着车的五行情况。

数字吉祥解密

数字非常有意思，从《易经》来看，里面的数字全部能代表一些现象，有的是吉的，有的是凶的，《易经》讲理、象、数、占，那么数也是玄学。

当今社会，很多东西都在由模拟型向数字化转变，都在倾向于数字化，都在不知不觉

地向着数字化社会发展。人们与数字的关系越来越密切，生活也越来越依赖数字了。由于接触数字多了，人们也逐渐发现了数字中的一些奥秘。

随着数字中的奥秘越来越被揭示，从0到9，及其无限组合出来的，这些看似简单枯燥的数字，也越来越引起人们的重视。例如通过姓名中的数字，可以看出工作事业、婚姻感情和财运学业等方面的吉凶情况。小小的数字为何有这么大的魔力呢？

中国的数字，源于古老而神秘的《河图》与《洛书》。书中一些符号的组合排列，象征了某些事物或意义。通过从0到9这些数字的组合运算，不但可以解决很多的科学技术难题，同样也可以解开很多的社会生活问题。其原因就在于，这些数字本身都具有类象功能，所以有时也把它们称为"象数"。这些"象数"大可以涵盖自然万物，小可以洞察秋毫细微。要想解开其中包含或预示的社会或生活问题，关键是要找到和掌握打开这些数字奥秘的钥匙。那什么是这把金"钥匙"呢？

我们知道，《河图》与《洛书》，是形成《易经》的基本元素，而《易经》的核心是讲阴阳之道的。《易经》的"象数"就是研究这个问题的。而《周易》范畴的许多预测运算，也都是用数字来推导的。就连互联网的产生与发展，也是借助了中国象数的翅膀。这就是说，从0到9这些数字，都是具有五行属性的，也可称为"五行类象"。印度的先哲们，把宇宙万物分成四大类象：地、水、火、风。而中国的先哲们，则把宇宙万物分成五大类象：水、木、火、土、金。这五行之间是相互依生，又是相互制约，相互抗衡的。由于五行所代表的万物之间的生、克、制、化，才演变成了多姿多彩、变幻莫测的大千世界。人类是大千世界中的一员，没有特殊的功力，也不可能真正"跳出三界外，不在五行中"，因此每时每刻都在秉受着宇宙自然五行气场的影响。很多影响人生运气、生活健康的五行属性，也许就是通过数字来表示，来体现的。

如何选择吉祥数字

我们了解数字吉凶，就可选定个人的吉祥数字，不但对人之行运有较大助力，而且有避凶之功效。因数字不仅是一种符号，而且是宇宙全息的缩影，是数象的特征，是对阴阳五行的归类，与人有交互感应的能量场。所以，选择适合本人的吉祥数码，至关重要。如果您选择的数码是命理吉祥的，使用后，他会与您产生同步共振的场效应，此时，对您的工作、财、官、仕途有不可估量的辅佐力，如果选择不当，则起相反作用。

1、6、8是吉祥数字，因为1是休门主家庭，6是开门主创业，8是生门主财富，1、6、8还有谐音一路发的概念。所以，人们才喜欢1、6、8，认为是吉祥数字。实际上1、6、8是吉祥数字，但是，不是每个人都能够使用这样的数字，每个人应该有自己生命的特定的吉祥数字。

一般来讲，若是两个以上的一组数字，只看其尾数即可，但有些情况下也要看其总数，其总数的吉凶，也是那个尾数在起着决定性的作用。例如数字中就有81个数，这些数都有特定的意义（详见P134的《周易风水中81数》）。有时候，不但数字本身具有某种意义，而且就连数字的汉语读音都有一定象征。

我们最忌讳"4"这个数字。车牌、电话、住宅都极力避开这个数字，实际上这种回避并非完全没有道理。查81个数字之中，只有"24"这个数是个吉数，而且是财运数，而其他带"4"的则全是不吉的数字。再者，"4"在读音上又与"死"相近，也是不吉利的诱导。

我们最喜欢的"8"这个数字，在81个数的尾数里，这个数虽然有吉有凶，但因与汉语的"发"同韵，故也深受人们的青睐。

现代的人很实际、很时尚，根据《广州日报》的消息，拍卖一个车牌号88888，竞价高达60万元。人们在选择购买电话、手机号码时，都要购买吉祥数字，特别是企业、家庭地址号码、楼房门牌号码、出门住宿房间号码、宴会房间号码、搬迁日子号码、结婚日子号码等，大家都喜欢选择一个吉祥数字，图个吉利，有利于自己平平安安。那么，什么是吉祥数字呢？我们每一个人的吉祥数字又是几呢？

数字的意义似乎不可以小看，数字作用也似乎不可以等闲视之。这个问题绝非迷信或不迷信，而是数字的的确确从方方面面在影响着社会，影响着生活，影响着人们的运程。

车牌号的风水讲究

车牌号码是现代社会的产物，也是汽车走向社会的"身份证"。首先，可以肯定地说，选择好的车牌肯定可以确保对车主在某方面的运势产生正面的能量，对好运有很好的推动作用。由于车牌反映的内容并不一样。有些人的车牌可能反映其事业发展的趋势，有些人的车牌却会体现其家庭和情感的点点滴滴，还有些人的车牌则可能仅仅反映了该辆车在日常驾驶中可能出现的问题，诸如磕碰之类的事情，所以，具体问题还要具体分析。

车牌号码同人的名字一样，无时无刻不在起着潜移默化的作用，车号就是车的信息体，直接显示着车的五行情况。因此，在选吉祥号码时千万不能马虎，一定要认真仔细。但是，通常人们对于它的理解是片面和错误的。比如，人们喜欢数字6和8，因为人们认为"6"有"顺溜、顺利"之含义。"8"有"发"之谐音，使人"发财、发达"之含义。因此，这两个数字在生活中频繁出现和被人们议论。而且，在生活中，这两个数字被人们在无形中抬高了身价。比如某省地级城市中的一个全是8的电话号码竟然拍卖出了10万元的高价。除了电话号码外，还有很多车牌号码、手机号码，人们也托关系走后门竟相购买带有6和8或者连续数字的号码。

其实，号牌是否吉祥并不在它的字意，最重要的是在于它的数理是否符合驾驶员的命理。号码虽好也要分不同的人使用，因为每个人的八字个体喜用与运气不同。八卦选号法是在科学的数理观指导下，采取逐层淘汰法，先将字音和字义合适的号码选出来，然后将号码逐个按数字起卦的方法排出八卦，再分析卦名含义和卦之间及命主八字的五行生克关系，最后决定取舍，选出吉祥号码。

现实生活中，有人为了几个特别数字的车牌号，花费了大量的心血和金钱。

正所谓万变不离其宗，任何事物的发展归根结底都是阴阳、五行的变化。只要一辆车的数字符合阴阳平衡，那么此车数字吉，反之亦然。

车牌号是由英语字母和数字组成时，要选择到理想的车牌号，首先需要从易理的角度来认识字母和数字。

一、象

所谓象就是形象、形状。凡车牌字母、数字的形状，如与其事业、希望、追求相对应，则会产生有利的促进作用。在26个字母和10个数字中，利官贵的字母有：A、B、D、E、F、I、P、T，数字有：1、4、6、7、9等，因为它们有竖划、向上、通天、得辅之象；利财运的字母有：A、B、C、D、E、F、H、M、O、P、Q、R、S、T、U、W、Z，数字有：2、3、4、5、6、8、0，因为它们有横划、圆满、水形、聚积之象；利婚姻的字母有：B、E、F、G、H、J、M、O、P、Q、R、S、Y、Z，数字有：2、3、8、0，因为它们有对应、结合、沟通、圆满之象。

不论是一个字母或两个字母，除了从象的角度考虑以外，最好字母为姓名、公司、行业、祥瑞等词语的拼音或单词缩写，使后面的数字有头、有主、有魂。

二、数

所有的自然数是没有吉凶的，但它与某个体结合产生关联时，就会有影响，才生吉凶。数的含意很多，简单地说有阴阳的含意，即单数为阳，双数为阴。有五行的含意，也有方位的含意，即1、6为北方，2、7为西方，3、8为东方，4、9为南方，5、0为居中。有卦象的含意，即三个数、四个数、五个数都可成卦，每个卦都蕴涵有许多相关事宜。

一般车牌的数字全加起来为1、3、5、7、8、9、11、13、15、17、23、24、31、33、35、37、39、41、45、48比较好。如果符合以上要求，其数字又正好是车主的生日、特殊纪念日则更佳。

三、卦象

无不良卦象为宜。卦象的好坏，需要一定的易学专业知识才能判断，但用以下简单方法可避开一些不良的卦象。如所有数字的和不要为6、18、14、16、19、22、26、29、32，因为它们的卦象分别为：坎、天地否、天雷无妄、天水讼、乾（常人不用）、兑、泽水困、泽天夬、火泽睽，这些卦象都不是很理想。

四、理

所谓理就是道理。在26个字母和10个数字中，所存之理可谓无穷无尽，如字母ABC和数字1有尊贵之意，因为它们是字母的前端和数的开始。如三位数的车牌，其数也可代表天、地、人三才，前一个数代表天，中间数代表人，最后一个数代表地，如四位数，中间两个数代表人，如五位数，中间一位数代表人，因为天、地、人三才的思想存在于一切事理之中，车牌亦不例外。如数字由小到大，最宜求官贵之人和大型产业类企业选用，数字由大到小，最宜求长寿之人和小型服务类企业选用。因为从小到大是步步高升，不断发展，从大到小是返老还童，循环沉淀。

另外，如果知道自己命理中的五行喜忌，则选择效果可能会更好。

如果车主命理需要金生水，那么我们在选择车牌号时注意选择7、8、9、0这几个数字多的，如果命理需要水生木，那么我们要注意选择含有0、9、1、2的数字多的车牌为吉号码。

数理的五行

1、2为木，1为阳木，2为阴木，适合于八字五行少木的人。

3、4为火，3为阳火，4为阴火，适合于八字五行少火的人。

5、6为土，5为阳土，6为阴土，适合于八字五行少土的人。

7、8为金，7为阳金，8为阴金，适合于八字五行少金的人。

9、0为水，9为阳水，0为阴水，适合于八字五行少水的人。

五、如何判断牌号的吉凶

数理吉利的车牌，可以减少不利与意外的发生，如果是要自定义车牌号的话，那一般是要把重点放在尾数上，这样对易理不熟的人也可以轻松掌握。

汽车的牌号一般由汉字（地名简称）、英文字母、数字组成。数字有它的数理特性。比如吉祥运的暗示数有：1、3、5、7、8、11、13、15、16、18等。次吉祥运的暗示数有：6、17、26、27等。凶运的暗示数有：2、4、9、10、12、14等。首领运暗示数3、13、16、21、23等。财富运暗示数15、16、24、29等。汉字、字母、数字组合在一起，判断吉凶就是一门专门的学问。

汽车牌号也因人、因地而异，因此也不可一概而论。车牌号对汽车和人的影响很大，有个吉祥的车牌号，肯定是有利于车主的。

车牌号码的五行组合

数字与我们的生活息息相关，生活周围处处有数。汽车和人一样有它自身的运气，汽车的运气主要受车牌号码的影响，如果车牌号码组合为凶格，就容易发生车祸和车身故障。车牌号码有它自身的五行属性，如下表：

五行	金	木	水	火	土
代表数字	7、8	1、2	9、0	3、4	5、6

注：汽车本身属金，因为火克金，故车号本身不宜出现太多火数的组合，如3、4、34、43之类。

一、火数太多

同时出现两个以上的4、3数字组合，就容易引发车祸、自燃、点火系统故障。

化解方法：可以在车上放置或悬挂八白玉石，五行属土，可以起到泄火生金的作用。

二、土数太多

同时出现两个以上的5、6数字组合，就会变成土重埋金，容易发生翻车、陷落被土埋的意外事故。

化解方法：可以在车上放置或悬挂金葫芦，五行属金，可以起到泄土强金的作用。

三、金数太多

同时出现好几组7、8的数字组合，就容易引发汽车追尾、侧碰事故。

化解方法：可以在车上放置或悬挂鱼形吉祥物，五行属水，可以起到以水涵金的作用。

四、水数太多

同时出现好几组9、0的数字组合，就容易引发水箱故障、油箱漏油，还容易被盗。

化解方法：可以在车上放置或悬挂檀香木佛珠，五行属木，可以起到以木泄水的作用。

五、木数太多

同时出现好几组1、2的数字组合，就容易引发车身剐蹭、刹车失灵。

化解方法：可以在车上放置或悬挂透明玻璃心，五行属火，可以起到以火泄木的作用。

六、注意事项

在选车牌时，还应注意以下几点：

1. 阴阳互见

所谓阴阳互见，就是车牌号的数字要有单有双，不能全单或全双，因为《易》理认为，孤阴不生，独阳不长。

2. 三才得配

所谓三才得配是指天、地、人三者的关系要处理恰当，人生活在天地之间，一定要尊天敬地。如果三位数，其中间数不要全大于前后的数，如果四位数字，其中间两位数不要全大于前后的数，如果五位数，其中间的一位数不要全大于两边的数。

3. 五行相生

所谓五行相生，是指车牌尾数或三才中"人数"的五行为车主命理的喜用神，对车主命理有帮扶作用。

要知道一个车牌号码的好与坏，一定要总揽全局。最关键就是一个五行变化的原理，五行的生克制化规律是八卦及一切易学预测法中最根本的法则，是推演事物变化的最重要依据，阴阳五行是一切预测技法的根本基础。如果说一辆车好像一个人，车牌号码就如人的名。车牌号码对人的吉凶影响是客观存在的，虽然它在人的生活中不起决定性的作用，但却是有着重要作用。它可以弥补你的不足，做到趋吉避凶。它可以使你锦上添花，创造出更辉煌更美好的人生。

人文链接

五行的实验

数字与人生命运是否存在吉凶作用？有些朋友或许会抱一种怀疑态度。且看这样的一个试验。日本科学家曾经作了一个很有趣的试验，他们在五张纸上写了金木水火土五个字，然后把这五张纸分别放在五堆正孕育发芽的种子里，经过一段时间，他们惊奇的发现，藏有带水字纸的种子堆出芽率达到97%以上，藏有带木字纸的种子堆出芽率为80%左右，土、火、金分别是60%、40%、20%。这个实验充分证明我们祖先的阴阳五行学说是多么符合宇宙运转规律，多么符合自然法则。

选择吉祥车牌号的方法

吉祥的数字会给车运带来平安吉祥，不吉的数字自然不利车运和车主的运气。宇宙万物都具有一定的发展规律，人既然有运气，物肯定也有运气。汽车的牌号，就像一个人的身份证号码，理论上是唯一性的，那么，这个号码所蕴藏的内容，在一定程度上便可以显示出一个人、一辆车的运势起伏。什么时候好，什么时候差，先天有哪些不足，后天容易有哪些问题，都可以用《易经》八卦的理论来推演出来。

有很多人不明白车号怎么选择，以为常用的不过就是诸如666、888、999等这样的组合，6代表顺，8代表发，9是长久等，自以为选择那些谐音顺发的号码肯定大吉大利，其实车牌的选择还有更深的含义和讲究，并不是那么简单的学问。

现在施行的是"拍五选一"的选号方式，尤其前几位并不能由自己决定，所以我们只能提供建议在已经限制的范围内选择最适合的号码。其实对人最重要的是尾数，尾数的决定要依据个人数字（有关出生日期等命理方面），另外在一段时间内某个数字对于个别人也会比较旺，需具体分析。

汽车的产生，确实给现代社会带来无比之方便，然也促成无数的伤亡、事故。除了受车辆之增加、规则遵守、超速、驾车人品行、车辆保养品质优劣、熟练与否等缘故外，另外，车辆牌照号码和风水是否有凶数，或不利于驾车人之生辰八字，均可左右此部车辆的命运。

汽车号码选择有两种方式，一种是根据车主命理选择吉祥号码，另一种80取余法，两种择吉祥号码的方式都要用到易经81吉祥数理。此两种判断法，对照81数之吉凶均吉者为上等之号码，一吉一凶者为中等之号码，双凶者为下等之号码。如果能在选号之前了解车主的生辰八字，推算其八字喜忌，再选择汽车车牌号，更能锦上添花，选到适合车主的上等号码。

一、根据车主命理择吉祥号码

在明确车主命理喜忌之后，以车牌号码中符合命理喜忌数目数理来分号码吉凶。根据：1、2为木，3、4为火，5、6为土，7、8为金，9、0为水，车牌中自己命理喜欢的吉祥数越多，则此车牌号越好。比如车主喜水，那么车牌中9、0、7、8数字越多，则此车牌为越吉（9、0为水，是相帮；7、8是金，金生水，为得助），反之则凶。

车辆的牌照号，不止一个数字，有的还包含了英文字母，那么所包含的五行元素就相对更多更复杂，哪个号码组合更好一些，对自己更有利一些，就要具体分析才能得出结论了。

二、80取余法

以车牌号除以80的余数对照81吉祥数理选号。

比如：汽车车牌号是759121

那么759121÷80＝9489余1

则以1论之，经对照81数之吉凶为"吉"。

提示：81数，还本归元，数理同于基数1，82数与2数相同。83数又与3数相同。故凡81数以上者，除其盈余80，将其所剩之数推理可也。譬如160，扣除80，尚剩80，乃按80推理。譬如161，扣除80两次，还余1，就以1数判断即可。依此类推。

人文链接

车牌号码趣谈

电话号码、汽车牌照，本来就只是一种编号。下面讲一个关于车牌号码的趣事。

有一个小伙子，姓单，叫单大，人称外号"胆大"。他买了一个汽车牌照，号码是：05443。他一看：嗯，这个号码好，05443，这零可以读成洞，05443，动我试试看，哪个敢闯我的车。哪里晓得，他刚挂牌子的第一天，就偏偏碰到了狠人，硬是把他的车给撞了。

这一天，他挂好了车牌，心里很高兴，来到了餐馆。一杯酒下肚，浑身是劲，唱了起来："好酒啊！一杯美酒下肚肠，面红耳赤心花放……"他踉踉跄跄，边走边唱，上了汽车。喇叭一按，油门一踩，呵呵，开着汽车上了公路。

他本来胆子就大，有了一个好的汽车牌照，胆子又大了一些；这把酒一喝，胆子就更大了。胆子一大，路也变宽了。车子开得像摇船一样的，左一晃，右一晃。左一晃：05443；右一晃：动我试试看，谁敢撞我的车。

就在这个时候，迎面开来了一辆车。这辆车，左右晃得更厉害。一看对面的车：05443，嘿，你的胆子大，没人敢动你；我的胆子更大，我就敢动，不信，看我的牌照：44944，你说没人敢动你，我试试就试试，油门当成刹车一踩，两眼一黑，两个车子迎面相撞。

这正是：吉祥号码是吉祥，交通安全不能忘。喝酒不可逞英雄，酒后驾车遭祸殃。

附：《周易》风水中81数

现实生活中，人们在《周易》风水影响下，普遍认为数字中暗含着吉祥，但通过汽车中的数字判断吉或凶时，一般要结合具体人或具体的事情，并根据不同的情况来判断。

81数吉凶图示

（红色字表示吉，绿色字表示平，黑色字表示凶）

1	2	3	4	5	6	7	8	9
10	11	12	13	14	15	16	17	18
19	20	21	22	23	24	25	26	27
28	29	30	31	32	33	34	35	36
37	38	39	40	41	42	43	44	45
46	47	48	49	50	51	52	53	54
55	56	57	58	59	60	61	62	63
64	65	66	67	68	69	70	71	72
73	74	75	76	77	78	79	80	81

1－81数意义

数字	意义	详解	吉凶
1	太极之数	太极之数，万物开泰，生发无穷，利禄亨通。	吉
2	两仪之数	两仪之数，混沌未开，进退保守，志望难达。	凶
3	三才之数	三才之数，天地人和，大事大业，繁荣昌隆。	吉
4	四象之数	四象之数，待于生发，万事慎重，不具营谋。	凶
5	五行之数	五行俱全，循环相生，圆通畅达，福祉无穷。	吉
6	六爻之数	六爻之数，发展变化，天赋美德，吉祥安泰。	吉
7	七政之数	七政之数，精悍严谨，天赋之力，吉星照耀。	吉
8	八卦之数	八卦之数，乾坎艮震，巽离坤兑，无穷无尽。	平
9	大成之数	大成之数，蕴涵凶险，或成或败，难以把握。	凶

数字	意义	详解	吉凶
10	终结之数	终结之数,雪暗飘零,偶或有成,回顾茫然。	凶
11	旱苗逢雨	万物更新,调顺发达,恢弘泽世,繁荣富贵。	吉
12	掘井无泉	无理之数,发展薄弱,虽生不足,难酬志向。	凶
13	春日牡丹	才艺多能,智谋奇略,忍柔当事,鸣奏大功。	吉
14	破兆	家庭缘薄,孤独遭难,谋事不达,悲惨不测。	凶
15	福寿	福寿圆满,富贵荣誉,涵养雅量,德高望重。	吉
16	厚重	厚重载德,安富尊荣,财官双美,功成名就。	吉
17	刚强	权威刚强,突破万难,如能容忍,必获成功。	平
18	铁镜重磨	权威显达,博得名利,且养柔德,功成名就。	平
19	多难	风云蔽日,辛苦重来,虽有智谋,万事挫折。	凶
20	屋下藏金	非业破运,灾难重重,进退维谷,万事难成。	凶
21	明月中天	光风霁月,万物确立,官运亨通,大博名利。	吉
22	秋草逢霜	秋草逢霜,困难疾弱,虽出豪杰,人生波折。	凶
23	壮丽	旭日东升,壮丽壮观,权威旺盛,功名荣达。	吉
24	掘藏得金	家门余庆,金钱丰盈,白手成家,财源广进。	吉
25	荣俊	资性英敏,才能奇特,克服傲慢,尚可成功。	平
26	变怪	变怪之谜,英雄豪杰,波澜重叠,而奏大功。	凶
27	增长	欲望无止,自我强烈,多受毁谤,尚可成功。	凶
28	阔水浮萍	遭难之数,豪杰气概,四海漂泊,终世浮躁。	凶
29	智谋	智谋优秀,财力归集,名闻海内,成就大业。	吉
30	非运	沉浮不定,凶吉难变,若明若暗,大成大败。	平
31	春日花开	智勇得志,博得名利,统领众人,繁荣富贵。	吉
32	宝马金鞍	侥幸多望,贵人得助,财帛如裕,繁荣至上。	吉
33	旭日升天	旭日升天,鸾凤相会,名闻天下,隆昌至极。	吉

数字	意义	详解	吉凶
34	破家	破家之身，见识短小，辛苦遭逢，灾祸至极。	凶
35	高楼望月	温和平静，智达通畅，文昌技艺，奏功洋洋。	吉
36	波澜重叠	波澜重叠，沉浮万状，侠肝义胆，舍己成仁。	平
37	猛虎出林	权威显达，热诚忠信，宜着雅量，终身荣富。	吉
38	磨铁成针	意志薄弱，刻意经营，才识不凡，技艺有成。	平
39	富贵荣华	富贵荣华，财帛丰盈，暗藏险象，德泽四方。	平
40	退安	智谋胆力，冒险投机，沉浮不定，退保平安。	凶
41	有德	纯阳独秀，德高望重，和顺畅达，博得名利。	吉
42	寒蝉在柳	博识多能，精通世情，如能专心，尚可成功。	凶
43	散财破产	散财破产，诸事不遂，虽有智谋，财来财去。	凶
44	烦闷	破家亡身，暗藏惨淡，事不如意，乱世怪杰。	凶
45	顺风	新生泰和，顺风扬帆，智谋经纬，富贵繁荣。	吉
46	浪里淘金	载宝沉身，浪里淘金，大难尝尽，大功有成。	凶
47	点石成金	花开之象，万事如意，祯祥吉庆，天赋幸福。	吉
48	古松立鹤	智谋兼备，德量荣达，威望成师，洋洋大观。	吉
49	转变	吉临则吉，凶来则凶，转凶为吉，配好三才。	平
50	小舟入海	一成一败，吉凶参半，先得庇荫，后遭凄惨。	平
51	沉浮	盛衰交加，波澜重叠，如能慎始，必获成功。	平
52	达眼	卓识达眼，先见之明，智谋超群，名利双收。	吉
53	曲卷难星	外祥内患，外祸内安，先富后贫，先贫后富。	凶
54	石上栽花	石上栽花，难得有活，忧闷烦来，辛惨不绝。	凶
55	善恶	善善得恶，恶恶得善，吉到极限，反生凶险。	平
56	浪里行舟	历尽艰辛，四周障碍，万事龃龉，做事难成。	凶
57	日照春松	寒雪青松，夜莺吟春，必遭一过，繁荣白事。	吉
58	晚行遇月	沉浮多端，先苦后甜，宽宏扬名，富贵繁荣。	平

数字	意义	详　解	吉凶
59	寒蝉悲风	寒蝉悲风，意志衰退，缺乏忍耐，苦难不休。	凶
60	无谋	无谋之人，漂泊不定，晦暝暗黑，动摇不安。	凶
61	牡丹芙蓉	牡丹芙蓉，花开富贵，名利双收，定享天赋。	吉
62	衰败	衰败之象，内外不和，志望难达，灾祸频来。	凶
63	舟归平海	富贵荣华，身心安泰，雨露惠泽，万事亨通。	吉
64	非命	骨肉分离，孤独悲愁，难得心安，做事不成。	凶
65	巨流归海	天长地久，家运隆昌，福寿绵长，事事成就。	吉
66	岩头步马	进退维谷，艰难不堪，等待时机，一跃而起。	凶
67	顺风通达	天赋幸运，四通八达，家道繁昌，富贵东来。	吉
68	顺风吹帆	智虑周密，集众信达，发明能智，拓展昂进。	吉
69	非业	非业非力，精神迫滞，灾害交至，遍偿痛苦。	凶
70	残菊逢霜	残菊逢霜，寂寞无碍，惨淡忧愁，晚景凄凉。	凶
71	石上金花	石上金花，内心劳苦，贯彻始终，定可昌隆。	平
72	劳苦	荣苦相伴，阴云覆月，外表吉祥，内实凶祸。	平
73	无勇	盛衰交加，徒有高志，天王福祉，终世平安。	平
74	残菊经霜	残菊经霜，秋叶寂寞，无能无智，辛苦繁多。	凶
75	退守	退守保吉，发迹甚迟，虽有吉象，无谋难成。	凶
76	离散	倾覆离散，骨肉分离，内外不和，虽劳无功。	凶
77	吉凶参半	家庭有悦，半吉半凶，能获援护，陷落不幸。	平
78	晚苦	祸福参半，先天智能，中年发达，晚景困苦。	凶
79	云头望月	云头望月，身疲力尽，穷迫不伸，精神不定。	凶
80	遁吉	辛苦不绝，早入隐遁，安心立命，化凶转吉。	凶
81	万物回春	最吉之数，还本归元，吉祥重叠，富贵尊荣。	吉

车牌号码吉凶分析案例

一、车牌：浙**3045

得卦地天泰变地风升，此卦用卦泄体，变卦巽木克体，巽为车，坤为地，车埋于地下，大凶之兆。

事实上这辆车于某日凌晨与货车相撞，造成车主等两人死亡，车报废。

二、车牌：浙**3374

得卦水火既济变地火明夷，此卦主卦用克体，变卦明夷，太阳落山光景暗淡，流血争斗之象，整个卦象无一生机，实属大凶。

事实上此车已经发生车祸，曾当场造成两人死亡，车辆严重损坏。

三、车牌：浙**9887

得卦天山遁变天风姤，主卦用生体不错，但是变卦显示此车极易出事。因为乾为车，巽为风，为快。巽为进退，胡思乱想，乾为大脑，开车人很容易思想不集中导致车祸，巽为不定，不稳，车不稳自然出事，但是因为整个卦象没有用克体，预示开车人没有事情，此车容易对他人造成损害。

事实上，此车于某日途经飞云镇瑞阁线南港陡门头地段时，车头碰撞路人，造成两名行人死亡。开车人当时是醉酒状态，头脑不清醒。

四、尾号：5698

一天下午，沈阳的一位王先生来电话要我帮他预测一下车牌号。根据号码5698起卦："大有""夬""大畜"这三个卦。我当时说这车的主人不是当官的就是老板。王先生说是老板。从主卦可以看出这车有严重的撞车信息，从互卦中显示出车头严重的破损，从变卦中可以看出此车刹车系统存在问题。这车千万不能在午月、午日去东南方位，因为东南方向容易发生车祸。实际上化解也很简单，但是太晚了，王先生说就在前几天此车在出城往南走的时候发生追尾事故，此车头严重受损，已无修复价值。人员没有大碍，已经是万幸。如果提前进行化解，和车主交代明白这其中的利害关系，事故是可以避免的。这就是用易学的方法，通过对车牌号的吉凶预测，来锁定车辆是否有车祸信息的现实意义所在。

车牌数字风水趣谈

一、6与9的比照

香港英皇集团老板杨受成的车牌是"9",这个车牌非常特别,只有一个数字,但是要知道,这个车牌创下了迄今为止香港车牌拍卖的最高价一千三百万港元。那么,到底这个车牌有什么讲究呢?在《易经》中,9为乾卦,为老阳,有阳亢之象,意味着车主的事业将如日中天,一时无两,而目前香港所有当红偶像都集结在英皇旗下,也已经反应了这一点。但是,同时,9也意味着顶峰,所谓物极必反,这个数字也反应出一种向下的趋势,所以围绕车主会产生很多是非,诸如《东周刊》、廉署调查事件、旗下艺人频犯官非都体现了这一点。但是,无论如何,大家都不得不承认,他的传媒王国绝对是超凡入圣。所以,9的号码是极贵气的,常人难当。

反观,邵逸夫爵士的车牌是6,因为全香港人都知道他的别称是六叔。6为坎卦,为水,为慈善,也为事业的低谷。坎是受争议之卦,具有多面性。所以,好坏兼具。从《易经》的原理来判断,此号码并非上佳。而且,遭遇的障碍会相当巨大!今年,电视广播(0511)从恒生指数成分股中被剔除,反映了这一状况。

二、1、2和4的涵义

在我的印象当中,很多做官之人喜欢1、2这两个数字作尾数的号码。据说,因为1有最大的特点。不过,我对这样的观点不太认同。乾数为1,确有首领之象。但是,乾卦的用九是:"见群龙无首,吉。"就是不要时时出头,事事出头。好事占尽,必有恶果。往往这样的号码,并不会有很好的结局,出事(免职,牢狱)的也很多。

我见过很多公司和一些政府部门的决策者都喜欢把专车的号码分为xxx1,xxx2,以显示职位的高低顺序区别。xxx1是第一号人物,xxx2是第二号人物……不一而足。如果从群论的角度看,这样的第一号人物,很容易下台,也容易发生车祸。

港人怕4,都是因为发音与"死"相同。所以,在广府人生活的圈子,4最被轻视。甚至影响到了绝大部分华人世界。我虽然竭力反对关于4的错误论调。但是,一个人如果实在害怕4字,那么还是尽量不要选尾数是4的号码。毕竟,人的潜意识的力量很惊人,越瞎想越容易出事。

万事万物都有一个自己的小太极，都有一定的灵气，车也一样，汽车是一所流动的房子，轿车的另一名称叫房车。既然房子要讲风水，汽车也不例外。

第六章

选车购车风水

汽车也是一种环境，而我们的驾驶生活就是一种如何与环境相处的学问，而风水为我们提供了一种环境逻辑来分析如何愉快驾驶。车作为现代交通工具，与人生活朝夕相伴，但要用好这工具还要注意许多方面。如何选择和自己最贴心的爱车？如何能让你的爱车助你一臂之力？汽车相当于移动的住宅，所以在车的选择上最好是能合自己的命格。我们现在生活的世界可称为五行世界，因为所有事物，都是由五行所组成；每一个人都是受着五行的生克制化所影响的，所以，每一个人都有某个五行的喜与忌。

购车前需要考虑的问题

随着经济的发展，不少人为了出行方便都会有买车的想法和打算。可是，当你真正走到汽车市场的时候，突然发现原来买车需要注意很多细节。车主选车也要根据自己的命相，选择适合自己的车，如果任何车反冲则大忌。最后希望大家都能大富大贵，逢凶也能化吉。如果你有购车的打算，那不妨先考虑清楚下面几个问题：

一、因需而求

买车不能盲目跟风，要根据自己的需求以及汽车的功能来选定属于自己的车型。买车到底是为什么？如果是为了上下班图个方便，买车仅仅是买一个代步工具，那么派力奥、SPARK、QQ、夏利、吉利等微型车就可以满足您的需求；如果买车是为了能够和家人在闲暇的时间一起外出郊游，骏逸、普力马、周末风、途安等家用多功能轿车就是不二的选择；如果更多的是为了在商务活动中使用，奥迪A6L、PASST领驭、凯旋、天籁、凯美瑞等中级和中高级轿车的优势就会尽显无遗。另外，准车主还可以根据自己对外观、动力、乘坐舒适度、内部空间等方面的需求程度来挑选车型。总之，买车要因"需"而"求"，适合自己的才是最好的，千万不可为了模仿他人而盲目购车。

二、做好预算

决定好自己要买车了，就可以开始制定自己的购车预算了。买车对大多数朋友来说是一个高消费行为，所以买车前，应当做好购车预算。这个预算，不仅要包括购车的费用，同时还要将购车后挂牌、装饰以及未来1至2年内的养车费用做出一个合理的支出计划。买车容易养车难，所以，还要根据自己的消费能力，了解该款车型的零配件价格。不然，新车买回家了，开起来固然方便、潇洒，但是瘪了钱包，其他日常开支受到影响也不好。如果经过计划后，不能一次性付清购车款，还可以选择银行或者汽车金融公司分期付款购车。

三、出入成本

油价上涨，车位紧缺，这可以说是购车前必须考虑的两个重要问题。很多车主在新车买回来还来不及高兴的时候，就已经开始烦恼这些问题。因此，在买车之前，要先做一个消费预算，大致确定每个月的用车成本。本人认为开车成本最好不要超过收入的20%，否则养车就会感到非常吃力。

四、保养成本

很多人在购车的时候一般不会注意到每辆车的保养成本，以为买回来随便用就可以。其实后续的保养成本往往可能比你买车的成本还要高出很多倍。通常价格越便宜的车，保养成本就越高，而且使用寿命越短。这对于普通家庭来说，这是一笔不菲的消费。因此，在了解汽车配置的时候，一定要把保养成本也放进去一并考虑。

五、选择汽车的档次

轿车的档次习惯上以发动机的排量来区分，实际价格也基本与之相对应。下面以国产车为例，大体上有如下的划分。

经济型轿车：通常又称为微型车。发动机排量在1.0升以下，价格大体上不超过10万元，属于这一类型的轿车有：夏利、羚羊、长安铃木奥拓、云雀、悦达、英格尔、优尼柯、吉利、美日、安驰、奇瑞等。

普及型轿车：发动机排量介于1.0至1.6升之间，价格不超过20万元，属于这一类型的轿车有：桑塔纳、捷达、神龙富康、夏利2000等。

中档车：发动机排量一般在1.6升至2.5升之间，价格约在40万以内，属于这一类型的轿车有：红旗世纪星、广州本田雅阁、上海大众帕萨特、风神蓝鸟等。

中高档车：发动机排量大于2.5升至3.2升，价格约在50万以内，属于这一类型的轿车有奥迪A6、上海别克等。

高档车：发动机排量大于3.2升以上，价格约在50万元以上，属于这一类有红旗旗舰等。

每一种品牌往往有几种不同排量选择，一般还有标准型和豪华型之分，买车时可根据需求在性价比较后作出选择。

六、根据个人的爱好习性来选择

每个人的爱好习性都不同，现在购物强调个性是很有道理的。例如：上海通用在推出赛欧车之前，先做了大量关于中国用户的爱好的调查工作，调查结果表明，有31%左右的潜在用户把轿车的安全性放在考虑的第一位，比重最大，价格最好在10万元左右等。据此，它推出了带双安全气囊和ABS的赛欧车，价格定位在10万元左右，取得了很大的轰动效应，车子还没有正式生产，订单就已经超过了1.5万辆。

年轻的小伙子开车喜欢快，在高速公路上最好能开到时速160，甚至180公里才过瘾。那他选车时就要考虑汽车要功率大，加速性好。女性开车求稳，比较细致、小心，主要用于上下班和接送孩子，她就可能选择车型小一些、靓丽一些的，不必过分追求功率大、车速高。

七、对安全配置的考虑

为了保证驾驶员和乘客的安全，现在各汽车生产厂都很重视汽车的安全性。而高档车、低档车的差别，很大程度上就体现在安全性能及其配置上。现在新推出的国产轿车差不多都进行了正面碰撞试验，规定一定要符合新制定的有关标准和法规。

如果你的性格比较急躁，粗线条，那你一定要充分考虑汽车的安全配置；相反，如果你处事比较冷静、细心、小心翼翼，出事的可能性就要小一些，这方面考虑的比重就可以轻些。

一般而言高档车配备有双安全气囊，有的还有侧置安全气囊、ABS防滑制动系统、前后多级撞击吸能机构等，其作用都是为了提高乘客的安全性。

八、售后服务

当你把钱给别人的时候，事情往往是出乎意料的顺利。但是一旦你已经把汽车开回家，想回去找别人帮忙可能就不太容易了。在准备付钱把

汽车买回家之前，必须先看清楚有哪些售后服务的条款，以免日后维修的时候发生争执。慢慢看完自己的权利之后才付钱，这绝对是理智车主的做法。

　　汽车生产企业一般都承诺有一个保修期，保修期内厂家负责免费维修，只要不是车主的人为因素，一般连维修配件都是免费的。这对车主来说是实实在在的优惠。各厂家从用户的角度出发，更是为了竞争的需要，纷纷推出各种服务承诺，有的是一年10万公里，有的是两年6万公里等。

　　首先，要明确一个概念，这里指的保修年份或行驶里程数是以哪一种先达到为准。不是你希望的那样以最长的为准。于是，这里就有分析比较的需要了。

　　对于出租车、营运车而言，一年可跑上十多万公里，他的着眼点当然是放在保修的里程数上，保修期一年10万公里对他有利。而对私家车来说，一年下来，也就是2万公里左右，所谓的一年10万公里实际是虚的，而两年6万公里却是实实在在的。这也是选车时不能不考虑的一个因素。

九、汽车保险

　　除了强制的汽车险之外，保险公司还会推出不同的汽车险种，承保不同的意外损毁。如果你不愿意为自己的爱车承担过多的风险，那么就让保险公司来埋单吧。在购买汽车险的时候，务必了解清楚承保范围，还有自己遇上风险的可能性。不要盲目自信，也不要以为自己有能力避开风险，关键是要给自己一份安全保障。

　　购车不是一时冲动，但也不需要思量很久。只要找到适合自己，并合适自己的命理五行的车型，并有能力承担各种费用，汽车的确可以改善我们的生活质量。在购车之前，不妨多向有车的朋友吸取经验，多看一些关于汽车介绍的文章、杂志等。如果条件允许，可以找专业人士为您参考。

根据生肖和八字喜忌选购汽车

汽车是一个综合的五行怪物，由于它的主要材料是钢铁制造的，金属的成分最多，所以一般都把汽车划为金的范畴。但它的动力是可燃的油汽，所以又有火的成分。它的内饰与车身也采用了很多塑料与织物，所以也具有木的成分。它的玻璃窗包括零部件中也有一些矿物质的材料，所以也有土的成分。它用水来循环降温，并在路上高速行驶，故也有很多水的成分。

汽车的构成是不可改变的，我们只能根据自己的生肖特性或八字喜忌，从汽车的功能、形状、颜色、号牌等所体现的五行方面，进行的趋吉避凶的选择。

选购一辆好车，不但会方便你的工作生活，也会提升你的运气。如果选购时不够慎重，也会给你带来一些麻烦。如果能够根据生肖特性与八字喜用进行选购，就是一种趋吉避凶的明智之举，会减少麻烦提升运气。

一、猪、鼠

属猪、属鼠的人，因为出生的根基是水，而八字用神为水者也喜用水，所以都比较适合运动版的功能，圆润型的款式，黑色蓝色的基调，和尾数为9、0的数字，这些都与自己的生肖、喜用比较协调。

二、虎、兔

属虎、属兔的人，因为出生的根基是木，而八字用神为木者也喜用木，所以比较适合商务版的功能，方正版型的款式，绿色的基调，和尾数为1、2的数字，这些都与自己的生肖、喜用比较协调。

三、蛇、马

属蛇、属马的人，因为出生的根基是火，所以比较适合越野版的功能，流线型的款式，红色的基调，和尾数为3、4的数字，这些都与自己的生肖、喜用比较协调。

四、猴、鸡

属猴、属鸡的人，因为出生的根基是金，所以比较适合优雅版的功能，坚硬型的款式，金银白色的基调，和尾数为7、8的数字，这些都与自己的生肖、喜用比较协调。

五、牛、龙

属牛、属龙的人，因为出生的根基是含水的湿土，所以比较适合传统版的功能，敦厚型的款式，湿土色或黑色蓝色的基调，和尾数为5、6的数字，9、0的数字也可以考虑，这些都与自己的生肖、喜用比较协调。

六、羊、狗

属羊、属狗的人，因为出生的根基是含火的燥土，所以比较适合前卫版的功能，另类型的款式，干土色或红色的基调，和尾数为5、6的数字，3、4的数字也可以考虑，这些与自己的生肖、喜用比较协调。

当然，选购的前提，首先是根据自己的工作或生活需要，来定位汽车的功能。比如你是政务用车，那就需要简约而大方；比如你是商务用车，那就需要豪华而气派；比如你是家庭用车，那就需要舒适而经济；比如你是休闲用车，那就需要运动而坚固……在这个前提下，再进一步根据生肖特性，或八字喜用，选择适合的功能、款式、颜色与数字。

在不知道八字喜用的前提下，一般可以根据生肖特性来选择，最起码与自己的根基还是比较适配的。已知自己八字喜忌时，则可以根据八字喜用来选择。如果当生肖特性，与八字喜用发生矛盾时，则以八字喜用为主，来进行选择。

吉日良辰话购车

一般而言，嫁娶、开市（开幕）、搬家、动土等，在民间风俗里，都会挑选一个吉祥的日子进行，买车也一样，选好车了，那么什么时间购买最吉利呢？购车、交车的时间就如人生的八字一样重要。

一、择日基础

择吉，就是选择吉利的时间、方位的问题，为了要在有利的时间，到有利的地方去把事做好，达到预定的良好效果、目的。人们都希望选个吉利的时间去做事，可以令事情更圆满，这是人们的普遍心理，因而择天时，择吉地。凡是一切大事都应择吉，诸如：开业、迁移、喜庆、嫁娶、奠基、动土、售楼、安葬等等，都要择吉。

1.选吉日

选吉日，以当事人的生肖为准，选出的日子干支与当事人的生肖相合相生为佳。对于多个当事人，要从多方面给予考虑，选出的日子干支不要与任何当事人发生刑冲克害。对于不太急的事，也可以考虑一下，"月建"对当事人生肖的生克制化关系。

2.选吉时

选择吉日中的吉时。选时辰，以年、月、日、时起卦，看哪一个时辰起的卦好，哪一个时辰对体卦有利。凡是对体卦有利的就是吉利的时辰，最后确定吉时中的哪几分钟或十几分钟，最好吉利时辰中的尾数用"8"，以迎合大众"发"的心理。

二、择吉的目的

在不同的年、月、日、时，产生不同的磁场。命理学以刑、冲、克、害、会、合，和种种吉凶神煞，来区分其不同的作用力。择日的目的，就是将时空的因素，带入生命中的各种活动。

然而，除了这些显而易见的共同变化之外，对个人而言，还有许多其他的影响力。如果当天虽是吉日，但却冲克或者神煞犯到某人，那么当天对他（她）而言，就不是"黄道吉日"了。也就是说，他不应该挑选当天从事该项活动。

二、购车要选好日子

买车需要选好去提车的日子，这样有机会提到好的车子，如质量稳定或不易出事故。选日子可以参照黄历，选出好日子。其吉运风水的原则是破日、危日不宜买车，而开、满、平、定、成日则适宜购入。虽然不是迷信到人们想象中的"每日出行必看黄历"，但无论对爱车族，还是现代家居生活，谁不想图个吉利平安呢？这就涉及个人命理方面。谈汽车风水，很难避开命理学的。命理与风水同样都是发源于《易经》的两种术数文化，它们之间的关系是相辅相成。下列生肖的人避免在农历七月（农历七月俗称为"鬼月"）购车，属猴、虎、鸡、马、牛、狗、鼠六种生肖的人。

买车除了要避开当日是冲自己属相外，还要注意避开一些不宜买车的日子，一般通胜上日子的开、满、平、定、成日则适宜买车。我们曾对200个交通事故案例比较分析，得出一个可怕的结论：这些肇事者，购车日课与八字喜忌不和谐的占了68.3%，其中又以购车日与命主八字驿马星相穿的危害性最大。

三、买车时注意事项

1. 我们首要的考虑是车主的生肖、生日天干地支等择吉因素。买车的日子不能跟买车当天的日、时天干地支克冲刑害；特别是不能跟车主的生肖、生日天干地支克冲刑害。

2. 买车回来时的路线方位不能跟车主的生肖、生日刑冲克害。

3. 买车回来时的路线方位不能跟车主的住宅发生方位上的刑冲克害。

4. 同行买车的人员中，不能有与车主生肖及生日相冲的人员陪同。

汽车选购的风水原则

准备买车的你,可以问问有车一族,回想一下,他们开过的几辆车中,有的开起来顺顺利利,平平安安的,而开有些车的期间时却麻烦不断,即使没出大事,小的事故却时有发生。

汽车的款型、名牌、号码、色调,如果与车主配搭适宜,也可增加许多吉祥运势,让你在人生的道路上一路顺风,潇洒惬意。那么究竟如何选一款较适宜自己的车型呢?

一、自己的兴趣爱好

首先,选车时应考虑自己的兴趣爱好,审美个性,因为一个人的个性、兴趣、爱好,往往就是一个人生命基因特质的自然流露,也是我们传统命理学探究的"五行"组合特质。比如说,一个喜爱红色车的人,此人一般说来在命理中多半喜火,或者他的风水卦象亦属火;喜欢黑色车的人,他的命理中"五行"多半喜"水",或者风水卦象属"水"。因此,我们希望举一斑可见全豹。

二、选购哪国的车

汽车诞生之前,马车是人类最好的陆上交通工具。1770年法国人尼古拉斯古诺将蒸汽机装在板车上,制造出第一辆蒸汽板车,这是世界上第一辆利用机器为动力的车辆。1885年,德国工程师卡尔·本茨在曼海姆制造成一辆装有0.85马力汽油机的三轮车。德国另一位工程师戈特利布·戴姆勒也同时造出了一辆用1.1马力汽油发动机作动力的四轮汽车,这便是现代意义上的汽车。

任何汽车都适合任何一个人吗?当然不是,从风水

角度来看，不同汽车适应不同的人，需要基于五行的考虑。比如，美国车五行属金，德国车五行属火，日本车五行属木，中国车五行属土，部分欧洲车五行属水。因此，在挑选自己的爱车时，首先最好考虑的是跟自己五行相吻合的国度的车。

三、买车先选车型

比如奔驰、宝马、丰田、王冠、桑塔纳、捷达、夏利、别克、本田等。什么样的车款是你的最佳车型呢。首先，看标志。怎样看车型标志呢？比如，奔驰（德国产），他的标志是一个圆圈，中有三个指针，代表全时间的"时、分、秒"，亦代表全球空间，亦象征人生的时空圆满，象征奔驰车质的完美。如你是杰出之辈，并追求人生的至高境界，也不厌恶"德国鬼子"，当然可作为购车首选。"宝马"的标志"蓝天白云"，亦是一个至高的精神境界，象征财富及如日中天的事业人生，比起"奔驰"来更具艺术审美理想，更具潇洒人生的意味。

根据车名格局，匹配自己命理喜忌。比如宝马车的这个名字，公共信息为：格局为木、水，总格为水，这样如果您命理喜水，那么选择宝马最好，木其次，火较佳，土最差，金其次。

-151-

四、汽车五形与外观

汽车外形的不同,它的五行归属也不一样。通常来说,凡是具有棱角形元素的汽车为金;凡是具有瘦长形元素的汽车为木;凡是具有圆形元素的汽车如甲壳虫为水;凡是具有尖形元素汽车为火如部分流线形跑车;凡是具有方形元素汽车为土,如切诺基等。

五、选择车身颜色

前面我们重点讲述了汽车的颜色。将汽车看成是有生命的物体的话,我们就可以按照中国传统的体相学来进行汽车颜色五行的区分。比如:通常颜色为白、乳白色汽车为金;颜色为青、碧、绿色的汽车为木;颜色为黑、蓝色汽车为水;颜色为红、紫色汽车为火;颜色为黄、土黄色汽车为土。不同命理五行的人应该选择适合自己五行的颜色为宜。

一般来说,成年人一般都有固定的对车身颜色的喜好,如果你喜爱红色,命中喜"火";喜"白色",命中五行喜"金";喜黄色,命中五行喜"土"。选择车身颜色适当,将极大地补助本人运势,少出车祸至关重要,用百分点讲会有 5% 左右。因为车为"流动的住宅",宅是住宅的一个部分,可想风水作用之重要。

六、看符号和文字

比如,"宝马"(中文名)对于有钱人中的属马者无疑是首选,如属马人购买"宝马"车为坐驾,运势将增加5%~8%。同理,小康之家的属马者可买"马自达",属羊者可买"羚羊",亦可买"马自达"。发达之后再买"宝马",因为属羊者与马合(地支六合),属兔者、猪者,也可买"马自达",因为"羊猪兔"三合。属虎者、狗者亦可买"宝马"、"马自达",因为"寅、午、戌"三合。上海大众系列符号是"W",中文声母为"W"的

"王"、"汪"、"吴"、"巫"等姓,此等姓系自然为吉祥之选。广州本田"H"代表中文姓"胡"、"华"、"黄"等姓。其余可类推,不一而足。

七、选择车牌号码

前面我们讲述了车牌号的风水。车牌号主要以数理的组合直接导入吉凶主题。按命理学讲,每个人都有自己的吉凶号码。车牌号码如同电话号码、门牌号码一样,适当与车主配搭是十分重要的,如能与本人命理中五行进行配合补救是再好不过的了。如一个人命中需要"金生水",你就选择高位的号码,如:7788、9900等;如一个人命中五行需要"木生火",你就选择低位数的号码,如:1234、1123、0012等。

综上所述,我们如果能按以上几点去留心选购自己的坐驾,我想,在你驱车人生里程中,又增添许多平安,许多吉祥,许多洒脱及心安惬意。祝各位车主一路顺风,万事顺意。

以上的注意事项中,首重汽车的款型、品牌、车牌号码、色调,只要与车主配搭适宜,就可以增加许多吉祥运势,让你在人生道路上一路顺风,潇洒快意。

本人有多次陪客户、朋友购车、选号之经历,绝大部分顾客都选到了自己中意的车型车号,且使用该车后平平安安,财源广进。但亦有极少数由于车辆放号原因,未能达到心愿,但由于车型,车之颜色均为合理所需,也能确保其平安!

买车时试车的重点

1. 座椅的舒适和安全(最好带头枕,并有防滑的功能)。
2. 安全带(应带预紧装置,三点式越多越好)。
3. 方向助力(转向灵活性),最好是电动液压助力(开高速的时候更安全,更省精力)。
4. 试换挡力的大小及操控的灵活性(最好带挡位自锁功能,入挡清晰省力)。
5. 离合器是否带助力。
6. 刹车性能是否好,最好选择四轮碟刹,并至少带ABS系统。
7. 看提速性能,不是越快越好,因为在城里开车没那么着急,一般国内的家庭车,0~100公里的提速时间是在12~15秒之间(试车时别忘了了解最佳经济转速和最佳换挡转速)。
8. 试乘后座,看空间的大小和舒适程度,并咨询前后悬挂系统的设计。
9. 听车在各种状况下的声音情况。

二手车的购买风水

现代社会的生活现状，二手房、二手车已经成为部分人员的首选。万物皆有灵，小心驶得万年船。那么，我们怎样做才会使车子原有的气息散掉，营造一个舒适、安全的新车气场呢？如果我们购买二手汽车的话，一定要查清原来车主的情况，以免出现不顺。买了二手车之后，如何净化呢？

一、认真处理车里的符文

如果原车主为车子求的平安符还在车里，千万不要随便扔掉，但也不宜继续使用，因为它对你已经起不到作用了。可以在河边烧掉，灰放水里流走，如果没有河可以在风口烧化，灰随风吹走，这是道教送符咒的程序。

二、光源净化

把车里面的小灯开一个晚上，并播放轻音乐，虚耗掉不好的能量，利用光源净化气场。

三、空气净化

首先要清理好车厢内的杂物。在天气好的情况下，把车开到室外，打开窗户，让空气流通，用开窗通风之法净化气场。

四、重新装修

根据自己的喜用神及幸运色，给车重新装修一下，并在车的后视镜上绑一条蓝色丝带。

五、檀香净化

在把车买回来的第二天早上，在车里点好一圈檀香，一定要注意防火和防灰尘。檀香本身有一些中药材在里头，对一些瘴气的东西，不干净的东西，它有驱避的功能。

六、粗盐净化

粗盐本身就有一些除秽的功能。用纸包一些粗盐放在车的角落，过三天可将其清理掉，这样可净化车内的气场。

购车的交接车风水

一、交车人的穿着

交车时穿的衣物也很重要，上半身不着黑衣、白衣、红衣（招来好朋友眼红），特别是女性朋友不宜穿这三种颜色的衣服。此外，现在流行露肚脐的穿着，破洞的牛仔裤都是禁止的，露背的衣服也不好。总之庄重吉祥、不招阴的服饰，可让新车不被阴气入侵，预防以后的意外事故。

交车时穿的衣物也是很重要

二、交车的礼数

交车时刻也不宜安排在下午5时以后，也尽量避免晚上交车，另外下雨天也不要交接车，避免不吉利。最好在出太阳的大白天交车。交车后当日遇到丧礼或坟场应绕道而行不要沾到死气，若遇到有车祸现场，须绕道而行，尽量避免看到横尸现场。若不幸撞见应念佛语。

交车时不宜有孕妇同行或生理期的女性观礼。在交车吉时，如果条件允许，可在车尾拖放长鞭炮，以求吉祥平安。

三、农历七月交车的注意事项

农历七月俗称"鬼月"，如果购车的话，红车、纯白的车及黑色的车尽量避免交车。若较满意这些色系，可等"鬼月"过后再交车。交车时不宜在车内放置布娃娃或鬼月有关祭祀用品，这些物品都不可放于新车内。交车后当日遇到丧礼或坟场应绕道而行，不要沾到不吉之气。若有遇到车祸现场、塞车也要绕道而行，尽量避免看到车祸伤亡现场，若不幸撞见应念佛语。

健康是宝，平安是福，为了出入平安，选个与自己八字所喜的日时交车，是非常必要的。

广州黄先生购车案例分析

一、命理基本资料

姓氏：黄　　　　　　性别：男　　　　　　出生地：略

出生年月日：　公历：1980年12月26日，辰时　　农历：庚申年十一月二十日，辰时

干支纪年：庚申　　戊子　　癸酉　　丙辰

四柱剖解：金金　　土水　　水金　　火土

五行量化：三金　　无木　　二水　　一火　　二土

后天需补：火、土

年龄：30岁　　　　　　生肖：猴

纳音：石榴木命人

二、命理点评

日干癸水为阴柔雨露之水，其性至柔，无处不达，癸水生于冬季水旺得令之时，加地支申子辰合水局，身旺无疑，幸得时干丙火透出泄其身，因柱中无木，后天五行只能以火、土五行为喜用，行火、土大运较吉。

1. **性格分析**：水旺之人，性情不定，缺少稳重，但其性多聪，多学少成，对新事物接受能力较快，建议凡事多思考。

2. **健康状况**：要注意预防眼睛近视、眼疾、心脏、肝胆方面易发疾病，可多加强此方面的注意。

3. **宜从事行业**：宜从事火、土相关的行业为佳，如电子科技、易燃品、石油、冶炼、不动产、房地产、土地开发、土地买卖、土特产等相关行业为佳。

4. **婚姻感情**：婚姻宫逢合，感情易有风波，建议晚婚为佳，方可得吉祥幸福。

5. **发展方位**：一生发展事业吉祥方位以本人出生地的南方及四偶方为佳。

6. **吉祥有利颜色**：黄色、红色，包括本人平时衣着和家居布置等。

7. **吉利幸运数字**：2、5、7、0。

8. **宜合作属相**：兔、牛。

9. **吉祥朝向**：包括本人平时睡眠头向、办公桌朝向等，均以头向南方或四偶方为佳。

黄先生可考虑选购尼桑骊威汽车，动力够用，油耗也不高，空间较大，乘坐也很舒适。

黄先生可挂"水晶磨砂烫金观音"车饰

三、用车选择及推荐

颜色： 建议用车颜色以稳重的黄色、米黄色、桔黄色、红色等为主选色调。

车型： 从车型上来说，以稳重的五行代表土、火型的外观车型为佳。

车牌号码： 建议以总格五行代表为火、土的数理使用为好，如：15、16、23、24、25、33、35等。从卦象来说，以火地晋、山天大畜、地风升、地天泰等吉卦较佳。

购车方位： 以本人现住地的南方或四偶方的汽车4S店来选择购车。

车内吉祥物挂件： 以红色、黄色的吉祥物为主色调，质地上以玉制品、木制品作为首选。

根据黄先生自述，计划花费20万元以下用于购车，那么可考虑尼桑骊威、本田新飞度、奇瑞A3、长安马自达、一汽丰田新威驰、东风标致207、福特嘉年华三厢等车型。

本田新飞度也适合黄先生选购。

-157-

车饰是车主个性的体现,它反映出车主的情感和身份,也反映出车主命格里五行的凶吉。不同的车饰,对车主有着不同程度的吉凶影响。

第七章

汽车饰品风水

汽车风水的好坏，同样可以直接影响到人的生命和财富，而车饰，也就成了可以改变自己运势的必备道具，有句话说得好"车饰关系到车品"。正如买了别墅，要请专人设计装饰一样，车也要懂得装饰。汽车内正确地摆放车饰可以化解不利，趋吉避凶。大家可根据自己的命理摆放适合自己五行的吉祥物，比如，五行缺木的人，在车内挂小件桃木饰品。

常见汽车内部装饰

新车在考虑内部装饰时首先应从车窗的处理开始，给新车贴上窗膜既隔热又隔水防爆，与不贴膜和挂窗帘效果大不相同。车内饰品主要是一些车用香水、车用杂物袋、水杯架、手机架以及其他形形色色的精巧小饰品。

行车时车在运动，车内放置的吉祥物或饰物就应该静止不动。因为动为阳，静为阴，一动一静，为阴阳平衡。如果车内放了行车时容易自由晃动的物件，就会干扰车内的五行气场，进而干扰驾驶者自身五行气场。这样，人车就难以和谐。

在布置车内饰品的时候，应以下遵循五个原则。

一、安全、实用

车内饰品绝不能有碍行车安全，如车内顶部吊物不宜过长、过大、过重，后挡风玻璃上的饰物不要影响倒车视线等。在选择一些能充分体现个性的精巧、美观的饰品时，尽可能地根据车内空间的大小，选用实用的饰物，如茶杯架、香水瓶、储物盒等。

二、整洁

饰品应干净、卫生，摆放有序，给人一种轻松、舒适的感觉。

三、协调

饰品的颜色必须和汽车的颜色相协调，不可盲目追求高品位、高价位的东西，以免弄巧成拙。

四、舒适

车内饰品的色彩和质感要符合车主的审美情趣，香水要清新，不宜太浓等。

五、饰品

虽然车内不会放多少东西，但是在车内的右边不能放凶的图案，如虎狮鹰之类或是铁器，右为白虎凶方，这样易有碰撞的现象发生。

用饰物改善汽车风水

很多人认为一旦汽车开光后会受到佛法的护佑，从而保证安全。其实"开光"在某种意义上作用虽然存在，但是，主要还是在种一种因缘，一种对安全的企盼的因缘。最关键的是"人车和谐"，同时按照规则去行驶，那么，平安、好运自然会伴随你。

一、选择适合自己的车饰

很多人喜欢在自己的爱车里悬挂或粘贴一些喜欢的装饰物，如生肖卡通、观音佛像什么的，如果选择的东西对自己有利，也是有很好的调理功效的。选择佛像或观音调节汽车风水，也是要分别对待的。如命运喜水的人，可以选择滴水观音像小挂件调节汽车风水；命运喜火、土的人，可以选择佛像小挂件调节汽车风水。喜欢金水的人，还可以选择水晶球粘贴在驾驶座前方。

二、根据命理喜忌选择车饰颜色

汽车风水调节，要是不结合主人的命运喜用神所对应的幸运色等方面进行考虑，则极有可能适得其反，有可能会给汽车主人带来行车不顺、车祸、汽车易生故障、财运不好等不利因素。每个人的命理都有五行的喜与忌，那么，如何根据自己的五行来选择对应的车饰品呢？

金：白、乳白色、灰色和金属色系列

木：青、碧、绿色系列

水：黑、蓝色系列

火：红、紫色系列

土：黄、土黄色、咖啡色和米黄色系列

我们在车饰、车的颜色，以及车内的整体色调上都最好与之相合，方能助运旺运。

三、汽车开运实用风水妙招

1. 不要将车停放在正对着住家的地方，车子像"掠夺者"一样，会让建筑物内的居民觉得有不安感。

2. 移开车内杂乱的物品，改善"气"的流动。

3. 在后视镜上绑一条蓝色丝带，在车内洒些盐水并放置一瓶水，也是一种改善车内风水的好办法。

4. 禁止在后视镜上挂饰品，可以挂一条小小的蓝色丝带在上面，蓝色代表五行中的"水"，它可以使驾驶者保持完全清醒的驾驶状态。

5. 在汽车风水中，前窗玻璃是汽车的眼睛，因此，一定要使其保持清洁，使好的气进入车内。

6. 事实证明在车内脚垫上撒些海盐晶体，是能吸走乘车者带来的衰气的，而在定期清理它的过程中，也会连同它所带的衰气一起被清除，还能起到除湿去味之效。

任何的风水和谐都是一个完整的体系，因此需要我们平时注意对风水的整体讲究，切不可只是急功近利的局部运用之。我们应当对自己的汽车就像对自己的屋宅一样，强调藏风纳气，这样，你才会风生水起好运来。

为了消除驾车人情绪上的负面能量，可多听点轻音乐，高速公路驾车还可听摇滚，以减缓疲劳。

根据十二生肖的喜忌选择车饰

适当的颜色、饰品可以增加自己的运程而可使交通意外的严重性减低；不适合的生肖动物摆设，如果冲犯了驾车者，就会增加交通意外。当然，生肖饰物并不是自己属相是什么就挂什么生肖，而是要挂自己喜用神五行所对应地支的生肖卡通。比如你的八字幸运色为黑色，喜水，对应的地支为亥、子，亥为猪，子为鼠，所以你的"贵人"多半可能是属相为猪或鼠的人，那么就可以在汽车驾驶座前悬挂猪或鼠的肖像。其余的，依次类推。

有时候自己无法把握命理喜忌，有个非常简单的办法，自己回忆一下以前的事情，经常得到哪些属相的人的帮助，就知道哪些属相的人于自己有利，自然就知道挂什么属相的生肖饰物了。

每个生肖都有自己的喜忌，十二生肖之间，有相冲、相合的关系。这里，相冲代表容易有冲突，彼此相克；相合、三合代表和合、相处融洽、容易沟通、互相生旺。

车内摆设的物品应该根据十二生肖之间的关系，摆放与自己生肖相合的，避开与自己生肖相冲的饰物。

子——鼠　　丑——牛　　寅——虎　　卯——兔

辰——龙　　巳——蛇　　午——马　　未——羊

一、相冲

子与午冲；

丑与未冲；

寅与申冲

卯与酉冲；

辰与戌冲；

巳与亥冲。

转换为十二生肖相冲对应的关系为：

鼠马相冲；

牛羊相冲；

虎猴相冲；

兔鸡相冲；

龙狗相冲；

蛇猪相冲。

所以在车内，忌摆放的装饰物为：鼠忌摆放马；牛忌摆放羊；虎忌摆放猴；兔忌摆放鸡；龙忌摆放狗；蛇忌摆放猪；马忌摆放鼠；羊忌摆放牛；猴忌摆放虎；鸡忌摆放兔；狗忌摆放龙；猪忌摆放蛇。

二、相合

十二地支相合共有六对，故也简称六合。即：

子与丑合；

亥与寅合；

戌与卯合；

酉与辰合；

申与巳合；

午与未合。

所以，转换成十二生肖相合的关系为：

鼠牛相合；

虎猪相合；

兔狗相合；

龙鸡相合；

蛇猴相合；

马羊相合。

所以在车内，宜摆放的装饰物为：鼠宜摆放牛，虎宜摆放猪，依此类推。

注：这里所说的宜与忌，是代表与其相关的饰品，如属鼠的不能够在车内摆放"八骏图"、"一马当先"之类的饰物。

申——猴　　酉——鸡　　戌——狗　　亥——猪

不宜选用的车饰

车饰，是车的吉祥物，所以，必须寓意吉祥，外观赏心悦目。风水饰品要根据功能和车主的需要来选用。选用得越恰当，起到的作用就越大了。当然要记得选好了的风水用品要选择适当的时间，放置到合适的方位才真正显其功效。哪些饰物不宜在爱车里出现呢？

一、寓意不吉的车饰

寓意不吉利的物品容易产生反作用，对人的运势、行车安全都有影响，务必要注意。

卡通美女图不宜贴在车内，否则容易犯小人。男士的车里就更不宜挂美女图了。

二、卡通人物，有犯小人之虞

卡通人物以其可爱的造型广为人们喜爱。但从风水的角度而言，这些则有小人的寓意，车内时时可见，则容易犯小人。

三、影响注意力的车饰

诸如，男士车里挂个美女照片等，会影响注意力集中，不仅和行车安全有关系，在风水上也是要避开的。

四、凶器造型、凶猛动物造型的车饰

刀、剑、虎、豹等造型的车饰，阳刚之余，从风水的角度来说，容易对人形成心理暗示，久而久之，会助长车主的暴躁之性。

凶猛动物造型的车饰会助长车主的暴躁之性。

可防止交通意外的车饰

一、檀香木质地的挂饰

　　檀香木质地的挂饰非常适合爱车一族，可以大大降低意外的血光之灾，但选购时要注意挑选真品。一些厂家多以白色椴木、柏木、黄芸香、桦木、陆均松经过除色、染色然后用人工香精浸泡、喷洒来冒充檀香木，所以车主请仔细选购。

二、麒麟

　　古代化煞神兽有四种：龙、凤凰、龙龟和麒麟，龙和凤凰是天上飞的，而龙龟是在水中的神兽，只有麒麟是在地上跑的。司机可以将一对麒麟摆放在车上。而普通的行人，头脑迷迷糊糊的，也可以将麒麟带在身上，比如可以挂在你经常背的包包上，或者像古人一样系在腰间。

三、美玉挂件

　　秀外慧中的美玉挂件一旦登车入室，自然令整体车室美不胜收。常言道"黄金有价玉无价"。不仅在国人心中，玉的寓意吉祥，象征瑰丽、高尚、坚贞、圣洁，被用以护身、辟邪、保平安；在西方人眼中，玉也是东方优雅温婉的代名词，充满神秘浪漫的色彩。许多车主在车内悬挂玉饰品，中华传统文化在其中呼之欲出。玉石挂件固然秀气脱俗，能提升整体车饰的品位、情调。但好玉往往价格不菲、鉴别不易。

四、香囊

　　有着广泛民间人缘的香囊绝对想不到有一天自己会成为车饰界的新宠。韵味十足的中式绣工艺、实用养生的中式香文化，都使它成为了今年车饰的风尚和亮点。身处在车室中，车外是钢筋铁甲、车内是塑料仪表，比起古人的鞍前马后，总少了些许情调和韵味。加上行车辛劳呼吸空间有限，于是拥有一款能调动嗅觉和感官的车饰自然是所有车主共同的追求，作为香绣派的代表，香囊无疑是上上之选。瑞宏阁等香得天然、绣得雅致的品牌香囊也因此在车饰市场上大行其道。

五、桃木刻

　　民间认为桃木制品可驱怪、辟邪，又可保出入平安，所以桃木刻长久以来一直就是车饰的常客。不过其中也有真假之分，真桃木饰品用食盐水浸泡能够散发出隽永的桃花香气，而且木质图案和纹路出自天然，大多独一无二。作为中式民间特有的雕画艺术，近年来，桃木、桃符渐渐流行于车饰市场。桃树为五行精华，寓意吉祥纳财、辟邪之说。民间传说逢年过节、出门远行时将桃符带在身边，能够保佑平安、趋利避害。轻盈小巧、工艺精美的桃木刻不但有着深厚的民间底蕴，如今也成为了行车挂件的首选。

　　在一些生活节奏较快的大都市，雕刻越发精美的桃符、桃木刻不但成为室内装饰的点缀，更给移动车内增添了些许灵动之气。

六、伟人头像的车饰

前几年很流行伟人车饰，这不仅仅是大家对伟人的怀念和崇拜，而且也是伟人本身就有吉祥的气场，可以化煞。

七、指南球

顾名思义，这是车内指示方向用的，车用指南球和一般指南针不同，为了车内人员方便查询方向，采用全向陀螺设计，指南球上的方向标志，就是实际面向的方向。现在城市的道路越来越复杂了，这样一个小东西还真能帮上不少的忙。

八、给汽车增运的绿色饰品

在好车风水的营造中与车主搭配适宜的绿色灵性风水饰品，可增加许多吉祥运势。绿色的各种汽车风水平安饰品就代表"幸运和财富"，而且是广义上的财富，包括所有的好运、好机会、好朋友、贵人相助等等，绿色也被称为"正财"，表示是由我们努力工作所获得的正当报酬，有别于不劳而获、意外之财的"偏财"，用于开心、求财，效果最好。

绿色代表因事业而产生的财富，所以，绿色汽车风水平安饰品被推崇为可招徕财运的最佳汽车饰品，有高度凝聚财富的力量，属正财，另外绿色还可以强化心脏功能，平稳情绪，有助增加自信、表现才能、掌握领导权、做事踏实，从而使财运更佳。

绿色主正财，事业顺利，可加强事业财运，使人充满生机，俱有不可思议的凝聚财富气场。

绿色主心轮，对于心脏及肺脏系统有很强的调整功能，对于视觉有障碍亦有改善之功能。

我们经常会看到不少人在车前挡风玻璃处的内后视镜上挂中国结、菩萨、观音等小饰物，前几年曾流行过挂领导人的头像，其实有这些东西悬挂起来不错，但是挂得不是地方，会随着车辆的行驶而摇晃，影响驾驶员的视线，在车辆直行时还不觉得，在转弯时就会影响安全驾驶。试想在专心开车的时候，有个东西在你眼睛的余光内游动，是很让你分心的。在这种情形下如果你挂的是小铃铛，在它的晃悠带响中，眼晕、耳鸣不说，还会影响车内人员的谈话与休息。

只提一点对大家都可通用：不要在车内摆放反光的物品。

十二星座适合的车饰

有的人在车头、车内、座位空隙处塞满各种可爱的玩偶，充满情趣；有的人车内则是孩子、父母或朋友送给自己的礼物，代表着浓浓的情意。每个人都有星座，每种星座也有鲜明的特质，不同的星座对车饰有不同的个性需求，下面我们讲解一下不同星座适合的车饰。

一、白羊座——挂件

性情火热、喜欢无拘无束和自行其是的白羊具有进取精神及胆识。可以在车上放一些新奇的挂件，酷一点的内饰，或索性将车改装。带来电闪的挂件与香水很受白羊座欢迎。

二、金牛座——靠垫

忠诚、浪漫又务实的金牛是艺术设计的好手，因此车内会弄得很舒适，营造相当温馨的气氛。温暖舒适的靠垫，漂亮的布艺椅垫，再加上一个可爱的娃娃在车后座，时刻让人感受到家的味道。

三、双子座——香水

活泼又善变的双子，常常会给人意外的惊喜。多彩的颜色是其主要爱好，新奇的小设备会令你惊羡不已。多功能的香水座、怪异造型的烟灰缸体现了双子善变的一面。

四、巨蟹座——玩偶

有很强的自制力，超群的直觉和敏感的巨蟹，其喜欢幻想的性格注定了车厢中毛绒娃娃是必不可少的饰物，KITTY猫、蜘蛛侠、趴趴熊等都是车里的常客。

五、狮子座——扶手箱

喜欢豪华、一流东西的狮子，在车装饰上也体现大方，气派舒适的装饰自然价格不菲。加装扶手箱、真皮装饰、改装音响一样也不能少。

六、处女座——书

特有的浪漫气质使处女座在车饰上追求完美体现。温柔但过于认真的个性决定了车饰的简约，放一个造型简单、茉莉花香的车用香水，在后座放上几本深奥的书，如此而已。

七、天秤座——纸巾盒

优雅、平衡的天秤随和与顺从是其性格上的主要特点。车的装饰也很随和，暖色系椅套、简洁的纸巾盒、薰衣草味的香水都是秤子的首选。

八、天蝎座——幸运饰物

外冷内热的蝎子，在车饰方面也不喜爱张扬。将车厢内布置一些简单的挂件，例如用红绳挂个水晶的幸运饰物、檀木饰品等都能让人赏心悦目。

九、射手座——贴纸

性格开朗，思想活跃，注重文化修养的射手，适合蓝色和紫色为主色调的车饰，还可以在车窗贴上有趣的贴纸或遮阳板。

十、摩羯座——中国结

刻板而不懂生活情趣的摩羯座，太新奇的装饰一般不会喜欢，有的甚至不想去装饰汽车，不妨选择一些中式的小摆件，例如中国鼎形状的香水或者在车后窗上挂个中国结等。

十一、水瓶座——电子产品

性格开朗而感性，对新奇事物充满好奇，并时有灵光浮现的水瓶，尤其喜爱高科技的玩意。车载DVD、车载MP3、车载电话、车载小冰箱等新奇的车载小玩意一股脑儿全装上，时刻充分感受现代气息。

十二、双鱼座——座套

双鱼座对一切事物都有浓厚的兴趣。性格温情、灵活而且神秘。车厢内喜爱柔和的颜色，用SNOOPY牌的全套是比较适合的，座套、座垫、头枕、置物箱、手机套、茶杯等，将车厢内装饰得就如同走进了动画片一样。

车内的香水风水

随着有车一族的不断增加，市面上各种造型奇特、五花八门的汽车香水成为新车除味的必备品。

一、选择适合自己的香水

除了前面所讲的根据星座、个性来选择香水之外，还应该视你的工作环境来选择。因为现在人们工作压力大，生活节奏很快，人的精神总是高度紧张，为了安全，驾车时则要注意保持一种平衡的心态，不妨挑选镇定功效较好的香型，比如清甜的鲜花香味、清凉的药草香味、怡人的琥珀香味等等。久坐办公室的你，如果从事的工作比较枯燥、乏味与繁杂，不妨选用能松弛神经的柠檬果香味，或者是能舒

活神经的薄荷香味等。熏衣草香型香水不宜选择，因为这种味道过于香甜，容易让人产生困意，影响开车安全。

二、拒绝劣质香水

选购车用香水时应尽量选择有正规产品说明、有生产许可证号、有质量监督部门认证的产品，千万不要贪便宜买路边廉价的劣质货，也不要盲目追求高档品，尽量选购使用纯度较高的安全的天然香料产品。同时，经常开车窗通风，也可选用无二次污染的环保产品，如竹炭类产品进行祛味。

如果使用了劣质香水，不但无法改变车内空气污染，反而会加重车内空气污染。劣质香水中的酒精和香精含量过高，香味过于浓郁，对人体产生头晕、恶心等不良影响，时间一长危害更为严重。优质的汽车香水香味持久且能杀灭细菌，但选择不当的话，在空调的散热条件下，不仅会影响车内人的情绪，还会影响健康。

三、小心香水"中毒"

并不是所有的香水都适合"有车族"使用，特别是冬天，使用汽车香水小心"中毒"。很多时候气候因素也应该考虑进去。在寒冷的冬季或是炎热的夏季，因为车内经常开空调，车主常常会习惯性地关起车窗，用一点香水给车内带来持久香气，感觉更加温馨。这就需要选用具有较强挥发性的车用香品，或选清淡味道香水，以便及时有效地去除空调机带来的异味；而在其他季节，尽可以凭车主的兴致任意挑选喜爱的香型。

四、香水瓶的摆放

香水瓶应该放在正副驾驶位的中央，而不宜放置在副驾驶位的正前方，这样可以避免急刹车时对坐车人造成不必要的伤害。

随着人们对汽车品位要求的提高，汽车香水瓶开始被赋予重要的装饰和吉祥意义。

最适合十二星座的车内香水

一、白羊座

男人

白羊座的男人对于自己很有期许，总是表现他们最好的一面给大家看。由于他们的脾气比较烈，所以可以用比较轻松的香水来削弱一些霸气，给人比较温和、和气的味道。

适合的车内香水：东方甜香类原料——香草、蜂蜜、龙涎香。

女人

热情如火，奔放纯真。

适合的车内香水：兰蔻奇迹。

清新、甜美带有个性的基调，创作出代表曙光与希望的粉红色香水。

二、金牛座

男人

金牛座的男人工作态度佳，也对于生活的品质很注重，是一个很懂得工作与生活一样重要的人。

适合的车内香水：柑苔清香类原料——柑橘、橡树苔、动物香。

女人

钱不是拿来花的，是拿来赚的。

适合的车内香水：三宅一生，一生之水。

一生之水清如春天的香水，几乎汇集了人间一切的气息。

三、双子座

男人

双子座的男人热爱团体生活，他们是个健谈又风趣的男生，所以可以结交不少的好朋友。

适合的车内香水：熏苔花香类原料——橙花、樱草、铃兰、木香。

女人

思维敏捷跳跃、反应快，因为双子女人都是用两个脑子在思考。

适合的车内香水：范思哲心动女士香氛。

心动女士香氛包含时尚而美丽的花束，她将地中海元素与范思哲女性的性感魅力结合在一起，传递着大自然的感觉。

四、巨蟹座
男人

巨蟹座的男人相当的温柔，他们的气质也相当的不错，既贤淑又温和，所以他们可以选用较甜腻的香水。

适合的车内香水：熏苔清香类原料——熏衣草、青草。

女人

温柔、顾家、多愁、善感，巨蟹女生喜欢追求浪漫的爱情。

适合的车内香水：安娜苏许愿精灵。

五、狮子座
男人

狮子座的男人即使长得不威严也很有气势，他们相当有男人气势与架势。

适合的车内香水：东方辛辣类原料——花香、木香、动物香。

女人

她们可能成为道路上的"霸者"。只有不断地冲刺才可以俘获她的芳心。

适合的车内香水：迪奥真我女香。

对自我认识明确的女人，往往能够拥有一种无畏的优雅。

六、处女座
男人

处女座男人的生活很简单，他们总是很从容地把自己要做的事情办完，并且力求完美。

适合的车内香水：柑橘清香类原料——橘子、佛手柑、柠檬、葡萄柚。

女人

完美与挑剔之间游走。

适合香水：香奈儿5号。

一种截然不同于以往的香水，一种女人的香水。一种气味香浓，令人难忘的女人。

七、天秤座
男人

天秤座的男人不给人压力的感觉，常让人觉得轻松而自然；在朋友最难过时总会想要找一个人谈谈，天秤座的男生总是很适合在这时候出现，让人觉得格外的温暖。

适合的车内香水：柑苔绿香类原料——绿草香、嫩叶香。

女人

高贵的你，身上总有与生俱来的贵族气质。

适合的车内香水：宝格丽玫瑰香水。

晶莹璀璨的香水与摩登都会的香调完美呈现出欢愉感性的经典精神，是宝格丽献给认真活在当下每一刻且永远保持高贵优雅的成功女性的。

八、天蝎座
男人

天蝎座的男人需要有人注意，他们总是让自己显得特别而具有尊严。

适合的车内香水：辛辣熏衣草香类原料——熏衣草、松柏、草香、木香。

女人

与其说天蝎女人神秘，倒不如说她们野性和霸道，浑身充满激情。

适合的车内香水：博柏利英伦迷情。

博柏利女士淡香水英伦迷情体现出与生俱来的贵族气质和天然率真的本能自我。

九、射手座

男人

射手座的男人带着一点贵气，他们天生就是有一种好命的感觉。

适合的车内香水：柑苔木香类原料——檀香木、薄荷、岩兰草、动物香

女人

射手座的女人讨厌的是规矩和重复，最喜欢的是随心所欲。

适合的车内香水：伊夫·圣罗兰鸦片。

"鸦片"香水，香气浑厚浓郁，定位为诱惑和禁忌，呈辛辣的东方调，更适合于成熟自信和妖媚的女性。

十、摩羯座

男人

摩羯座的男人是标准的大男人，他们的样子像极了国王，跟射手座的男人不一样，他们没有一丝野性，倒是多了尊严的感觉。

适合的车内香水：柑苔皮革香类原料——麝香、柑橘类、薄荷油

女人

摩羯座的女人是自信、有气质、坚强、大气的女强人，而善于精打细算、脚踏实地、坚韧执着。

适合香水：伊丽莎白·雅顿第五大道香水。

第五大道表达女性自信、现代以及智能优雅的一面，适合现代都市中自信、时尚又追求个人风格的女性。

十一、水瓶座

男人

水瓶座的男生时而简单，时而复杂。他们的逻辑观念很特别，总是说出一些出人意表的话，让你觉得好笑又特别。他们有吸引人的天分，使用的香水较中性，容易让人接受。

适合的车内香水：柑苔松香类原料——柑苔类、柑橘类、松柏绿香。

女人

水瓶女人是一个充满幻想的人，好奇心很强，不会墨守成规。

适合的车内香水：雅诗兰黛欢沁蜜语淡香氛。

这是一款具有十分甜美的含义的女香，推崇无忧无虑的愉悦精神和自在畅悠的生活乐趣。

十二、双鱼座

男人

双鱼座的男人是很优柔的个性，虽然跟他们在工作上的表现可能不太一样，但是他们私底下也是很需要个人幻想的空间。

适合的车内香水：熏苔花香类原料——橙花、樱草、铃兰、熏衣草、木香。

女人

双鱼的女人总保持着一颗少女怀春的心。

适合的车内香水：Marc Jacobs Daisy雏菊女士香水，这种香水将青春活力体现得淋漓尽致。

总体来讲，由于车内空间的局限性，加之空气流通不好，推荐大家尽量选择气味偏淡的香水，不然香水可就变成污染源了。

如果不喜欢放香水，可以在车内放一些海盐晶体，这东西会吸附车内乘客和汽车本身的气味。定期清理更换海盐，可以让车内气场一直保持清新。

吉祥物宜每年更换

一、鼠年
五行水旺的年份，可以在车上放置或悬挂檀香木佛珠，五行属木，可以起到以木泄水的作用。

二、牛年
五行土旺的年份，可以在车上放置或悬挂金葫芦，五行属金，可以起到泄土强金的作用。

三、虎年
五行木旺的年份，可以在车上放置或悬挂透明玻璃心，五行属火，可以起到以火泄木的作用。

四、兔年
五行木旺的年份，可以在车上放置或悬挂透明玻璃心，五行属火，可以起到以火泄木的作用。

五、龙年
五行土旺的年份，可以在车上放置或悬挂金葫芦，五行属金，可以起到泄土强金的作用。

六、蛇年
五行火旺的年份，可以在车上放置或悬挂八白玉石，五行属土，可以起到泄火生金的作用。

七、马年
五行火旺的年份，可以在车上放置或悬挂八白玉石，五行属土，可以起到泄火生金的作用。

八、羊年

五行土旺的年份，可以在车上放置或悬挂金葫芦，五行属金，可以起到泄土强金的作用。

九、猴年

五行金旺的年份，可以在车上放置或悬挂鱼形吉祥物，五行属水，可以起到以水涵金的作用。

十、鸡年

五行金旺的年份，可以在车上放置或悬挂鱼形吉祥物，五行属水，可以起到以水涵金的作用。

十一、狗年

五行土旺的年份，可以在车上放置或悬挂金葫芦，五行属金，可以起到泄土强金的作用。

十二、猪年

五行水旺的年份，可以在车上放置或悬挂檀香木佛珠，五行属木，可以起到以木泄水的作用。

人文链接

风水物品需小心清洁

经常有朋友问到：风水物品摆放时间长了怎么清洁？

一般风水物品只要没有破裂，都可以永久摆放。如果摆放的时间过长，有些物品也会堆积上灰尘。可以用柔软的绒布加盐水轻轻擦拭，但对于点过朱砂的瑞兽的头不要擦拭。平时也注意不要让外人去触摸瑞兽的头部。纯铜的物品会有些氧化变色，可以用稀释过的醋稍微泡一下（头部不要淹着水），然后用软布擦干，或者找一些铜粉擦一下，即可焕然一新。

汽车在各种煞气中穿越前进,风险无处不存,化煞最重要。因此我们必须研究汽车风水对人的影响,找到更安全的选用、使用方法。

第八章

汽车安全风水

行车时，一路上的风和水对于人的安全有影响吗？有。风清让人清醒，水浊让人厌恶，风和水对我们行车的心情和思维状态都有影响。状态好，当然行车更安全，思维状态迟钝，就跟酒后驾车一样，那没准儿就出点什么事了。我们驾驶汽车就是在这个移动的家中生活，所以汽车的风水问题是不容忽视的。在现实生活中，我们亲眼见到过，或从报纸电视中看到或听别人说起过各种各样的车祸，有的蹊跷离奇的程度简直匪夷所思，汽车风水学认为，所有发生的一切都不是偶然的，都与整个汽车的风水环境密切相关。传统风水学认为，大多数交通事故的成因，是由五行金木相战而引发。

阴阳五行左右汽车的安全

在《易经》预测中汽车是金与土的结合，在汽车风水的五行划分中，动为阳，不动为阴，动静结合为阴阳，则金有阴金、阳金、阴阳金；水也可分为阴水即结冰之水，阳水即蒸汽之水和阴阳水即H_2O常态水。

五行中各有不同的代表数，金的数目是"六"与"七"；河图中西北乾金是"六白"，西方兑金是"七赤"，故此便以"六"和"七"来作为金的代表数。

在命理上，汽车属金水，大多数的交通意外，都是在命运上出现有金木交战的情况。若本命是金，而流年是木，则自己撞别人；若本命是木，而流年是金，则别人撞自己。

无论谁撞谁都不是一件好事，因此，所有驾驶者应注意以下之避忌。

一、开车要选路

由于行车时，路上的风和水对于行车愉悦甚至安全都有影响，因此我们势必要讲究。有经验的车主都会知道，其实，尽管条条道路通罗马，但是有些路是不能随意驾驶爱车去奔驰的。

也有人对在某种道路上驾驶爱车感觉上不对劲，老是闹心，老是觉得行车心不在焉；而在另外的道路上行驶则会心旷神怡。道理何在？这其实就是道路对车和车内人员的一种"反作用"，也是汽车风水中需要大家特别注意的：对于那些诡秘的道路或者是没有人走过的"道路"尽量避免驾驶，宁可绕弯路，从而避免不该发生的事情。

如果把红色的车停在停车场的乾位，较容易发生事故。

二、哪种人交通意外多

通常属虎、属猴的人，出生月份是正月和七月的人，出生时是凌晨三时至五时和下午三时至五时的人，发生交通意外的机会比其他生肖的人多，或其严重性会比较重。

三、哪种人交通意外少

属猪、属鼠的人，出生月份是十月和十一月的人，出生时是晚上九时至十一时和十一时至凌晨一时的人，发生交通意外的机会比其他生肖的人少，或其严重性会比较轻。

四、调整车内摆设，减少交通意外

因交通意外是金木交战所引起，所以在车厢内不可放置太多有属金或属木的物件。属金的是所有五金之物、发声的物件、白色、金色等。属木的是所有木质三物、纸张、绿色等。解放金木交战之和神是水，因此，车厢内应多放置些属水的物件。属水的是水、冷气、黑色、蓝色。

我们既然知道了交通意外的大多数成因是由五行的金与木交战而成，只要我们多采用"水"，就可以把金木交战的程度化解或减轻。至于我们怎样在汽车内多采用"水"呢？最简单的方法，就是在行车时要把冷气开着（当然不可把温度调得太低或风速太高），因为冷气是属"水"。

在行车时，不可把音响调得太高，因高音或噪音会形成金煞，这是绝对会增加交通意外的。

化解金木交战之物是水，在车厢内多放置些属水的物品。属水的物品包括水、冷气、黑色和蓝色物品。

除此之外，车内挂放一道平安符或替汽车全身洒净开光，亦是一种有效的方法。

此外，养成良好的驾驶习惯也是安全行车的重要前提之一。大家做到遵守安全规则，不疲劳驾驶，不酒后驾车，尽量使各方面的不利因素降到最低。

行车中的色彩关系着安全

生活在多彩的世界里，人们把每种颜色都赋予不同的感情色彩，面对不同的色彩会有不同的反应。在行车过程中，色彩对驾驶员同样具有影响力，与行车安全密切相关。因此，注意色彩的运用，调节驾车情绪，防止不良色调对行车的干扰是非常重要的。

一、创造色调平和的驾驶室

情绪直接影响着驾驶员的判断力，平和舒畅的心态最适宜于驾驶。因此驾驶室尽量做到色调柔和，这样即使长时间驾车，也会欣然舒畅。

过于灰暗或过分鲜艳的色调都不适合用来装饰驾驶室。如果驾驶室内的颜色呈暗灰色，会使人感觉沉闷忧郁，而刺激性强的颜色，会使人感觉烦躁，这些都会影响人的情绪，直接影响行车安全。过于鲜艳繁杂的颜色虽然能将驾驶室装饰得五颜六色，但驾驶员一时兴奋后，容易在眼花缭乱的色彩中变得烦躁不安。如果没有稳定的心态，驾车安全自然就无法保证。

一般汽车内部的色彩应令人感到轻松、欢快，如乳白、淡蓝等颜色，并可结合各人爱好对驾驶室进行布置。驾驶室内的颜色如过于刺目，与路面的颜色形成较大反差，会使人在观察路况时，分散对路况的注意力，还易造成视觉疲劳。

用柔和色调创造出平和的驾驶环境，将使行程变得更加舒适愉快。

二、公路路面颜色

公路路面大多是单调的颜色，灰色对人的神经起镇静作用，长时间注视灰色的路面会使人注意力变得迟钝，甚至昏昏欲睡。所以，长途行车或在单一颜色路面上行驶时，在不影响安全的前提下，应适时地将视线转移到他处，如看看蓝天，瞧瞧路旁色彩绚丽的物体，使视觉神经不断得到不同颜色的调剂，减轻外界中枢神经的抑制作用，减轻眼睛的疲劳强度。

三、警惕缤纷中的暗淡目标

行驶在城市道路上，驾驶员往往会被鲜艳亮丽的颜色吸引，而那些夹杂在缤纷色彩中的暗淡颜色很容易被驾驶员忽视。当驾驶员戴上有色眼镜时，就难以发现这些暗淡颜色的目标，这些移动着的不被人注意的人或车，就是暗藏在城市道路上的交通隐患。所以，驾驶员在城市驾车时要特别注意，时刻保持清晰的视线，如果不是阳光特别强烈，驾驶员最好不要佩戴有色眼镜。在复杂交通条件下行车，尤其是在城市驾驶时，我们往往将注意力集中在那些涂着或穿戴颜色醒目的物体和行人，而忽视了颜色平淡的物体或行人，这样开车很危险。对此，须格外注意。

使用汽车空调注意事项

漫长的夏季，汽车空调的使用频率可能不比收音机少，但你真的会正确使用空调吗？在使用空调时要小心，不正当方法可能会加速空调老化，你自己的健康也会受到不良影响。如何科学高效并且安全地使用汽车空调，其实学问真不少。

一、不要急于开空调

刚启动车子，不要急于开空调，等发动机稍运转一段时间，再开空调。开空调前先排出车厢热气。车窗关闭时，空调系统的效率最高。但汽车若在烈日下停放时间较长，车内很热时，打开空调后，应打开车窗，待车内热气排出后再关闭。这样空调的制冷速度将大大加快。

二、使用内循环系统

虽然并不提倡长期使用空调的内循环功能，但如果想达到最快最有效的制冷，内循环绝对不能忽略。内循环的另一个作用是防止不洁空气进入，若汽车在尘土飞扬的道路上行驶时，内循环可防车外灰尘进入。

三、保持车内空气新鲜

夏天使用空调时，若长时间使用内循环系统，密闭不通风，空气混浊，冷气机本身还会散发出一些有害气体，长期处在这样的环境下，自然容易生病。因此，为了健康，建议车主最好不要长时间使用空调。理论上应每隔半小时将车窗摇下一会儿或转用空调的外循环，以使车内的空气保持新鲜。

四、选好风速挡位

汽车正常运行中，为防蒸发器过度结霜，影响空调系统的运行，空调的送风速度及温度控制不应同时长时间置于最低。但是当车速低于25km／h时，应将风速开关置于低速挡位，避免发电量不足和冷气不足。

在上长坡或大负荷低速行驶时，发动机很容易出现过热现象，此时应调低空调挡位或暂时关闭空调，以减轻发动机负荷。

五、选对出风口风向

制冷时空调的风向最好向上吹，因为冷空气会向下沉，风向挡位最好选择吹面挡。调节出风口向上效果最好，不要选择吹挡风玻璃那一挡，因为挡风玻璃的温度很高，会抵消一大部分制冷效果。

六、预防空调病

如果你莫名地感到疲倦、皮肤干燥、不同程度的手足麻木、头痛、咽喉痛、神经痛以及肠胃不适等症状，这些病症就是典型的"空调病"。长时间待在汽车空调的低温环境中，冷的感觉传递到大脑的体温调节中枢，指令皮肤血管收缩，分布在全身的汗腺减少分泌，从而减少热量的散发，保持体温。冷的感觉就促使交感神经兴奋，导致腹腔器官血管收缩，胃肠蠕动减弱，从而出现相应症状。

七、密闭车内忌长时间开空调

在天气炎热的时候，很多朋友喜欢长时间开空调。由于车内空间狭小，门窗紧闭，车内外的空气难以对流，发动机转速在每分钟1500～3000转时，所排出的废气中会产生过量的一氧化碳，一氧化碳会通过车的缝隙进入车内，含量过高时，会使人昏厥，严重时会造成窒息死亡。如果一定要开空调，要选一个宽敞、通风的地方停车，并将车窗摇下2~3厘米，使车内外空气可以流通，但无论如何时间不能过长。

● 一位母亲驾车去超市购物时，把睡着的婴儿放在开着空调的轿车里，结果从商场购物出来时发现孩子已经死亡。

● 某公司老板晚上应酬过久，在门窗紧闭的高档车里开着空调睡觉过夜，第二天早上，人们发现他已经死在车内。医生证实，他们是被汽车发动机产生的一氧化碳谋杀的。

夏季车内的禁放物品

夏季，不少车主容易忽略很多安全细节，但这些细节往往会引发严重的后果。在车辆曝晒的情况下，尽量不要将以下物品放置在车中，因为这些物品很可能对车辆造成严重损害。

一、碳酸饮料　危险指数：★★★★★

碳酸饮料不能放在车里已经不是秘密了，很早之前就有饮料爆炸引起汽车燃烧的事故发生。在这里，还要提醒大家，要尽量把饮料随身带离车子。

二、打火机　危险指数：★★★★★

很多司机有在车内抽烟的习惯，并且习惯随手将气体打火机放在仪表台上，这是非常危险的。一次性气体打火机中的气体会受热膨胀，塑料壳体会因受热而发生爆炸，一旦与车内一些油料、易燃物质等接近而引发火灾，后果不堪设想。

三、老花镜、放大镜　危险指数：★★★★

很多上了岁数的司机或乘客，习惯在车上放一副老花镜，以便堵车时看报纸打发时间。但如果车辆正好停在阳光暴晒的地方，就十分危险了。因为花镜属于凸透镜，容易将光线聚在一起，时间一长，易引起火灾。同理，放大镜也是汽车内的危险品。

四、汽车香水　危险指数：★★★★

香水挥发后会产生一种易燃气体，其爆炸临界点为49℃。据监测，夏天只需阳光照射15分钟，密闭停放的汽车温度就会达到65℃，这很容易引起香水爆炸。

五、手机　危险指数：★★★

手机对于大家可谓再熟悉不过了，很难想象没有手机的生活是什么样子。虽然人人都把手机随身携带，但就有那么一小部分人常常把手机落在车上。尽管在不太热的日子里手机还可以忍受独在车内的寂寞，但如果阳光足够强烈，手机在车中也会因温度过高而出现机械问题。

保你出入平安的车库风水

车库具有较强的诱发吉凶的风水特征，因此对其布置和设计不可不慎。

一、车库的方位

从易理上来分析，汽车符合乾卦之象，静态时其五行为六白金。乾卦的"八宫煞"，在午位，因午火克乾金，不吉，所以车库、停车场不宜设在正南方，车门也不宜在此位，宜西、西南、东北、西北之方。

有条件的，最好把车库、车门布置在东北位，这样有利带入八运（2004年开始的20年内）旺气，亦建议大门及旁边围墙适当镂空，以便接入东北方当旺的旺气。

结合玄空飞星吉凶来论，车库宜在山星二黑、一白、六白、七赤、八白之方，忌九紫、五黄之位。

车一般放在住宅正面的右方较好。左为大，人一般从左侧进入，车一般往右侧进入。

摩托车属震卦之象，停车位应尽量避开住宅西方的申位。

此外，车库位置安排不当不仅会影响车主出行，严重的会影响家居风水，造成人丁和财运的衰退。

二、车库不可置于卧室下方

在车库布局中最紧要的一点就是，车库切不可置于卧室下方。因为车库每天都有车辆出入，这会影响卧室底部的气流，导致磁场不稳定，对人的运势就会产生干扰。这也就是风水上的"脚底穿心煞"。卧室下面如果是车库，容易产生足下空虚之感，使人缺乏根基，难以和地气相通。这样对人的心理也有不良的影响，在潜意识中有脚底不稳，提心吊胆的感觉。做事情反反复复，效率低下或因意外而失财。同时也容易导致夫妻失和，家庭不睦等。遇到这样的情况，应另选一室作为卧室，而将此房间作为储藏室等不常用之所为宜。同理，车库正上方也不宜为总裁或总经理办公室，不利健康和财运，也不利于公司的发展。

不过主要是较低的楼层会受车库的影响，比如二楼直接位于车库之上，所受影响自然巨大。四楼、五楼以上，与车库相隔甚远，下面又有其他楼层阻挡，这就大可不必担忧了。

安全停车与风水

当你每天驾车回家，那部汽车其实制造了风水。那么，停车的风水有哪些注意事项呢？

一、怎么根据命卦选择停车位

以车代步的人，时常出入的不是小区大门，而是停车场，因而停车场的布局就变得十分关键。

汽车是属火之物，如果将其停在火旺之处就会助旺火气。八运期间，属火的九紫星位于西北方，如果五行缺火的人，将车停在西北方是很有利的。但如果五行忌火的人将车停在西北方，则大为不利。如果无法换车位，可以考虑将车位漆成白色。如果无法改变车位的颜色，则应在此处放一桶水来削弱火气，并时常在此洗车。

二、根据家人命理喜忌选停车位

至于家中的停车位，以风水论，也有考究的，因为停车的位置，变相成为你的火位。汽车属火，如停车位在西北角，男主人要火，此停车位于他有利。但男主人忌火，西北角有停车场，男主人的八字变成烈火焚身。

改运方法：可能要将汽车泊在路边，拒绝再进停车场。假如一定要泊进停车场，停车位尽量采用白色，旁边放一桶水，以平衡其火性。

曾看一风水，客人本身要火，他经常将红色宝马房车泊在屋前位置，却不愿意泊进停车场。用罗盘检查，那方位正是东方，而他是家中的长子，当他行运之际，莫名其妙，他坚持将汽车泊在东面门口，而火正好为其用神。由此风水例证，更令我坚信，一部车泊停在家中哪个位置，其实是五行与运气在作怪，一部汽车如何去泊，决定了此屋的家族成员，哪人行好运，哪人行衰运。住在停车场附近的人要留意，你家的附近有很多火，那位置的火，为你的家族成员所要还是不要，决定了家居风水之吉凶。

举例家中背面为停车场，二子要火，这停车场对二子有好处，停车场也成为一种好风水。但二子忌火，停车场位于北方，此屋对二子不利，要摆放风水物化泄。一般以土来化泄，所谓一石化三山，在向着停车场的位置摆放土，可化泄火煞。

家中有花园的话，可找来一块较大而圆润的石头，向正停车场而放。如家中没有足够的空间，可在窗台放石春，以八粒为数，排在窗台位置，可应化火煞。

三、找准家中的气口

在风水学上，我们计算大厦坐向之吉凶，但原来驾车的你，根本从没有使用过大厦正门，因为你每天只利用停车场的大门出入，停车场于你成为一个重要风水。千万别疏忽家中停车场的入口，因为这个入口才是你家中大门的真正气口。

四、停车的位置

不要把车停泊在面对自己屋子的方向，因为汽车是"食肉的虎"，如果面对建筑物，可能会对建筑物内的人员构成威胁。在自家停车地加点避邪之物。车尾也不能对向屋内，最好是横放。住宅楼底层有停车场的。不吉，对四楼以下住户影响很大，要注意选择。那么爱车长期停放在地下停车场就好吗？答案也是未必。因为地下停车场阴气太冲，容易引起爱车和车主五行失衡。

五、外出停车注意事项

不少朋友买车是非常慎重爱惜，买车后由于客观原因，爱车停放就随意多了，哪里有空停哪里；哪里能钻钻哪边。其实，从风水角度看，这是很不好的，不仅仅是对爱车不尊重，导致"你不爱车，车不爱你"现象发生，更重要的是天长日久，会导致自己运势的下降。

外出停车时，多以放在便利位置为好，以不放路的尽头，或是高压线，灯柱下为好。也请勿把包或文件遗留在车内，以免砸玻璃之类事发生。

长期停放在地下室的车开出来后，最好打开车门透下气，再开出去办事为好。否则地下室阴气太重，对个人运程有不良影响。

以无极思维理论来分析，一人一太极，一车一太极，引发灾难的原因是不同的，而灾难呈现的类型、作用的方式也是多种多样的。

第九章

平安出行风水

　　随着科技的进步，世界文明的发展，人们驾车出行已经成为日常必不可少的部分。俗话说，进门看脸色，出门看天色，说明出门就有很多不可预知的因素。出门顺利与否，提前预测吉凶非常必要，为自己的出行增加平安吉祥的运势是每个人的心愿。预测的目的，在于提前预知以便规避风险。出行之前，重点作好风险的预测。风险预测对于成千上万的人来说，存在大数定津，应用于保险行业中。但是，对于普通个人来说，大数定津就不起作用。比如，生命只有一次，如果出现生命危险，统计规津在这里就毫无用武之地。

出行风水影响个人运程

周易风水中的择吉应用理论作为一种指导人们和谐生活的学问,至今已逾千年不衰。

出行即意味着暂时离开自己的家宅,离开自己的安全归宿地,会有一种安全失落感。古人以为,人在旅行途中的安全是由神掌管着的。古时有路神,也称道神、行神,上至王侯将相,下至庶民百姓,莫不礼祀遵从。祭祀的目的,不外乎是要取悦于神,使之不为邪祟,令人旅途平安,化险为夷。

实际上我们对择吉术的了解和认识极其有限,甚至还很少有人对它进行系统、全面、深入细致的分析研究。选择正确的时间、乘坐合适的交通工具出行,都会让运程发生改变。好好运用出行的机会,或许能成为你改变命运的一次良好的机遇。

一、出行时间

出行前最好是选择一个好的出行日期和时辰,一般以出家门的时间为准。这个日期和时辰的选择是以有益于你八字中最好的用神为准的,而不是日历上所标明的出行吉日,因为不是所有人都是在同一天利于出行的。这个时间的选择,最要注意的是不能选取对你是破财有灾的日期和时辰。

二、交通工具

选择交通工具也是以你的八字作为依据,再结合当时交通信息的状况来选取。有不适合乘坐的交通工具就应尽量避免。

从中国位理学的五行原理来看,世上万物都归属五行。那么,交通工具的五行归属如何呢?根据分析认为交通工具中,其五行可归结如右表:

八字五行所喜	最适合的交通工具
金	搭乘火车、地铁去旅游。
水	搭乘轮船、长途汽车去旅游。
木	搭乘飞机去旅游。
火	搭乘轿车去旅游。
土	自驾车去旅游。

三、出行方位

如果你八字中用神为木，去东方和北方，或去水多、木多的地方就好。如果用神为火，去南方和东方，或去木旺、火旺的地方比较好。如果用神为土，去南方和中部地区或山区比较好。如用神为金，去中部或西方较好。如用神为水，去西方和北方或水多的地方比较好。

四、如何知道自己的五行所属

许多朋友不知道自己的命理五行归属，有什么简便方法来确认自己的五行呢？最完整的确认是排测自己的命理五行，看自己的喜忌神就知道了，不过这需要专人去为你排测。最简单的五行确认可以采用以下两种方法：

1. 属相确认法

属相	五行所属
鼠、猪	水
牛、龙、羊、狗	土
猴、鸡	金
虎、兔	木
蛇、马	火

2. 季节确认法

命理学以阴阳五行八卦来判断人的一生。通常人的出生年、月、日、时对人有不同程度的影响。从影响的程度来看，出生月份对人的性格影响最大。因此不同季节出生的人，命格中的五行也会不一样。下面，列出不同季节出生的五行大致情况：

- 春天出生的人，五行中"木"比较多，而喜"金"。
- 夏天出生的人，五行中"火"比较多，而喜"水"。
- 秋天出生的人，五行中"金"比较多，而喜"木"。
- 冬天出生的人，五行中"水"比较多，而喜"火"。
- 每一季最后一个月出生的人，通常为喜"土"。

注：当属相和季节确认五行出现不同情况时，建议以季节为准，如果通过排测知道自己准确的命理五行，那更应该以排测为准。

五、最适合出行去哪里

根据人的命理学和旅游地的位理学原理，建议大家可参看如下方位、地点去旅游：

八字五行所喜	适合方位、地点
金	最适合去西方，如西欧旅游，国内则去大西北地区。
水	最适合去北方，如加拿大、美国、俄罗斯、河北、东北、内蒙古等。
木	最适合去东方，如台湾、上海、苏杭等东部地区。
火	最适合去南方，如新加坡、南洋、广州、海南等。
土	最适合去世界各地的天涯海角，国内的西南、东北、中原。

六、出游地点和自己五行相冲怎么办

世上任何事情都是不完美的，总有缺憾。出游中我们也会碰到出游地点和五行相冲的情况，比如你喜金，却要到日本游玩；经理喜木，团队却要到欧洲拓展市场。怎么办呢？不要过分担心，只要佩戴适合自己的吉祥物就可以了。或者你连自己的吉祥物是什么都不知道。有一个方法最简单：在旅行袋中放一个中国结，或者自己佩戴水晶（根据五行选择）、桃木饰品（一定要真正桃木），就可以安心出发了。

中国人的旅行择吉文化禁忌

古人素来有谨慎出行的习惯。出门不但要忌方向，而且还忌时间，出行时必须择选吉日才能上路。民间流传了一些出行方面产生的种种禁忌。

一、身弱的人禁忌

命中五行身弱的人不宜去那些阴气比较重的地方，如各种古代的遗址一类的地方，还有各地的寺庙，人或动物的遗址，古代和现代的战场等等这些地方不要去。去了会招一些阴气，对身体不利。

二、旅游方位禁忌

八字中喜木的人适合去中国的东方和北方；八字中喜火的人适合去中国的南方和东方；八字中喜水的人适合去中国的北方和西方；八字中喜金的人适合去中国的西方和西北、东北、西南和东南方；八字中喜土的人适合去中国的西北、东北、西南和东南方。

三、旅游环境禁忌

八字中喜木的人适合去大草原、花草树木或水景多一些的地方旅游。八字中喜水的人适合去桂林玩玩山水，黄果树看看瀑布，以及其他水多一些的地方。八字中喜火的人适合去看一些古建筑遗址，这些大多是木质结构，颜色大多以红色为主，如北京的故宫，也可以去北京香山看红叶，主要是红色多一些的地方。八字中喜金的人适合去攀岩，游山，看乐山大佛，沙漠探险或者有塔的地方都行，比如六合塔。八字中喜土的人适合登山，比如中国的五大名山或者长城、敦煌莫高窟等历史遗址。

四、旅游地名禁忌

八字中喜木的人忌所去的地名中有金字，或是金字旁等与金有关的字。八字中喜水的人忌所去的地名中有土字，或是土字旁等与土有关的字。八字中喜火的人忌所去的地名有水字，或是水字旁等与水有关的字。八字中喜金的人忌所去的地名中有火字，或火字旁等与火有关的字。八字中喜土的人忌所去的地名中有木字，或是木字旁等与木有关的字。

驾车的姿势与安全行车

现代社会里，汽车是人们经常使用的交通工具，很多人每天待在车里的时间都比较长，那么汽车这个相对封闭的空间内的风水环境，就会对人起到各种不同的影响。身材高大的人，驾驶空间狭小的车辆，时间久了，就会使人感觉局促压抑，丧失斗志；身材矮小的人，驾驶空间宽阔的车辆，时间久了，容易使人懒散放纵，缺乏自制力。现代都市里，经常看到很多身材娇小的女性，驾驶着大型的越野车在路上奔驰，这其实就是选择了一种错误的汽车风水环境。而某些身材高大的人，因为资金限制，只能驾驶微型汽车，同样也是一种不利的汽车风水环境。

或许你会提出疑问，难道开车时的姿势对安全行车也构成影响吗？事实证明的确如此。为保证机动车在高速公路上安全行驶，驾驶员一方面要掌握高速公路的行车方法、行车规则，另一方面还要有熟练的安全操作技术，其中正确的驾驶姿势对于安全行车也是至关重要的。

一、驾驶姿势不正确惹祸端

正确的驾驶姿势能使人在长时间的驾驶中，不会过早地出现疲劳和肢体麻木现象。如果你在开车的时候发现哪个地方特别疲劳或者哪个地方麻木的话，那就要小心了，没准儿坐的姿势就不对。驾驶员驾驶姿势是否正确与安全行车有着密切的关系。正确的驾驶姿势便于驾驶员动用各种操纵机构，观察车前、车后及周围情况和仪表，当车辆转弯、制动时，驾驶员能保持身体平衡，车辆不至于失控，血液循环正常，新陈代谢旺盛的状态，能减轻驾驶员的疲劳程度。

2006年4月，一辆小轿车发生单方事故，事故原因是该车驾驶员习惯单手握方向盘，另一只手放在排挡杆上，遇到前方紧急情况，打方向过猛，避让过头，结果撞上护栏，酿成事故。在对事故现场进行排查时，民警还发现这位驾驶员系安全带的方式也不正确，安全带在这种状态下根本起不到保护作用，如果撞击力再强一些，将会导致更大的危险。

二、不正确的驾驶姿势

不正确的驾驶姿势主要包括以下几种情况：

1. 身体前倾，离开座位靠背。这种姿势为不稳定的驾驶姿势，这使其操作方向盘、制动踏板的感觉与平时不一样，往往令驾驶员视距变短。这是在高速公路上行车最不好的姿势。

2. 身体向后倾，整个身体完全靠在座位上，驾驶员经常在疲劳时或夜间行车时容易形成这种姿势。这种姿势也是不稳定的，操纵感觉与上述姿势正好相反，往往使驾驶员的视距变长，也不利于安全行车。

3. 单手操纵转向盘，另一手悬在车外，春、夏、秋等温暖季节里，经常吸烟的驾驶员惯用这种姿势。这种姿势不仅不便于迅速操作方向盘，而且有与外部接触致伤的危险。

三、正确的驾驶姿势

行车正确的驾驶姿势主要包括：

1. 身体对正方向盘坐稳，两手分别握稳方向盘左、右两侧边缘。
2. 两眼平视前方，视线成扇形。
3. 头正肩平，两眼向前平视，看远顾近，注意两边，观察上下。
4. 腰部紧靠后垫背，胸部略起，略收小腹。
5. 右脚以脚跟为支点，搁于加速板上，左脚自然地放在离合器踏板的左下方。
6. 安全带不要系在腹部而应系在髋骨部位，始终保持精力充沛，思想集中的良好状态。

这六项内容听起来好像很复杂，做起来也确实不容易，其实这是对每位驾驶员基本的要求，是应该掌握的。很多不好的驾驶习惯都是平时不注意养成的，只要用心纠正并不困难。

四、座椅与坐姿

座椅的位置对形成正确的坐姿有着重要的影响。

若座位过于靠后，驾驶时人的上体被迫向前，背部无依托，不但使全身肌肉紧张，而且开车时不易保持身体平衡，影响动作的敏捷、准确。

若座位过于靠前，上肢和脚部被迫处于弯曲状态，缩小了手脚的活动范围，影响操作，在需要大幅度转向时更不方便。

若座位太高，使腿与方向盘下缘不能保持一定的空间距离，限制了双脚的动作。

在驾车时必须要坐姿规范，驾车出行，安全第一。

若座位太低，影响了视线，不利于安全行车。尤其对身材娇小的女性来说，很容易在这上面吃亏。记得有一个过分的笑话，嘲笑女孩个头小，说开车简直是一个无人驾驶。笑话虽然很伤自尊，但也道出了我们的困境。在那些设计者们还没有把眼光从男人身上挪开时，我们也只好将就着他们了。

如果有幸碰到那些可以调节座位的车，那么就可根据自己的身高调整尺寸了。

五、倒车的注意事项

倒车是机动车驾驶员常见的驾驶行为，但由此引发的交通事故却不在少数，造成的损失虽不大，毕竟埋下了安全隐患。

简要地说，倒车的要领可以概括为以下四点：

1. 移位倒车时，应注意车辆所移位置的宽窄，判断好车辆后方、两侧的障碍物与后轮所处的安全位置，防止碰撞和刮擦。

2. 转弯倒车时，应注意转弯内侧与车轮后方情况，从后视镜兼顾两侧，注意回轮时机。

3. 车库倒车时，若视线良好，可从后车窗进行观察判断；若视线较差，应打开车门观察倒车，同时留心另一侧情况。

4. 调头倒车时，如路面较宽，可从后视镜直接观察，如需多次前行后倒，则应看清路边与车轮的距离，以防出线。

哪些情况驾车易出危险

一、出现异常现象

出行前发现有异常现象，比如突然心情不好，眼皮乱跳，或者突然有人拉住你不让走等，就要慎重考虑一下，是否适合出行。

二、流年有灾

当流年有灾时，驾驶员会在面相、手相上出现异常现象。如面相上相应部位出现了大黑痣、大的凹陷时，或当驾驶员印堂突然发黑发暗之时，驾驶员要特别注意。

三、命中带冲之年

当驾驶员命里出现大冲之年如：

属鼠人→逢马年　　属牛人→逢羊年　　属虎人→逢猴年

属兔人→逢鸡年　　属龙人→逢狗年　　属蛇人→逢猪年

遇到上述相冲之年时，人体生物场和神经易出现衰弱现象，驾驶员要进行自我调理，佩戴合适的吉祥物调节人体磁场方可保平定，切不可超速驾驶，更不可酒后驾驶。

四、命理三金克木

驾驶员命理如果三金克木型，要特别小心。

如：一九四〇年农历三月二十日申时生，命理分析为：庚辰 庚辰 庚子 甲申

庚辛为金，甲乙为木，此种驾驶员命理要特小心。平时身上要带一块水晶原石，家里卧室挂三个木葫芦。

五、山结

所谓山结，即不同走向的山脉相交汇，从而扭结在一起，山结点一般海拔比较高。

驾驶员在大山交织之处即山结处应特别注意，此时，磁场变化特别大，有时会出现幻觉，驾驶员在此处要加倍留意。

-201-

平安驾车要有好状态

每一个人都知道，要想避免事故，应该保证良好的车况、注意交通和天气。但没有多少人意识到，健康状况在很大程度上决定着自己的反应速度和判断能力。因为，良好的身体状况和心情是安全行驶的最大保障。

一、良好的心情

美国心理学家的研究发现，如果路上车辆太多，需要不断地停车、减速和等候的话，会使人血压升高、心情烦躁，如果长期承受这种压力，不但会影响自己的脾气性格，还会出现精神紧张、肌肉疼痛、忍耐力减弱等症状，容易发生车祸。

二、合理的饮食

开车时，人处于高度兴奋、紧张的状态，机体的正常运转需要足够的营养。如果因为减肥进食不足、食物种类不合理，容易造成低血糖，由于血糖是脑细胞能量的主要来源，低血糖将导致脑功能不足，就会精神不集中、反应迟钝，行车安全必然受影响。

三、健康明亮的眼睛

一双健康明亮的眼睛对开车的重要性是不言而喻的。可以经常用热水、热毛巾或蒸气等熏浴双眼，促进眼部的血液循环。多吃对眼睛有利的富含维生素、矿物质和微量元素的食物，营养眼睛。不要在用眼过度疲劳的状况下开车。

四、平和的心态

常有这样现象，交通规则明明作了有关禁行的规定，驾驶员却明知故犯，有禁不止。这种行为，往往与驾驶员出车前或行车途中不同的心理有着密切的关系。

1. **恐惧心理**。即临危情绪过敏。当遇到比较复杂的道路交通情况，尤其是出现意外险情时，惊慌失措，手忙脚乱，不知如何处理。

2. **侥幸心理**。有的人明明见到路标上写着"事故多发地段、减速慢行"的警告，却因为看到路上没有什么情况，就分秒必争，勇往直前。

3. **好胜心理**。许多人，尤其是年轻人，喜欢争强好胜，对谁也不服输，常作冒险的尝试，有的驾驶员喜欢开快车、强行超车，行车中容易被别人不礼貌的行动所激怒，从而做出危险的报复行为。

4. **挫折心理**。每个人在日常生活中都会遇到各种各样不顺心的事，如果把不顺心带到开车上来，就不好了。

五、选择收听曲目

听音乐可以让人兴奋，也很有情调。但是注意不要听节奏强劲的摇滚乐、迪斯科音乐，也不要听有催眠作用的小夜曲。音乐的强度不要过大，否则就成为噪音，一方面有损听力，另一方面可能分散注意力，使听觉器官出现疲劳，妨碍你作出正确的判断。

婚庆用车的风水

一、婚庆用车的选择

婚庆用车是现代时尚婚礼的重头戏。一般来说，结婚车队由8辆主车组成。接新娘的头车要上档次的好车，一般是加长的凯迪拉克、加长林肯，或者奔驰等。问题是，这些汽车都适合任何一对新人吗？当然不是，从风水上看，不同汽车适应不同的人，需要基于五行的考虑。比如，美国车五行属金，德国车五行属火，日本车五行属木，中国车五行属土，部分欧洲车五行属水。因此，在挑选头车时，首先要考虑的是跟新郎、新娘的五行相吻合的国度的车。

二、婚庆用车的颜色

选择什么样的花车颜色？有人可能认为，这应各取所好。其实不然，颜色有风水，将汽车看成是生命体的话，我们就可以按照中国传统的位理和命理学来进行汽车颜色五行的区分。比如：通常颜色为白、乳白色汽车为金；颜色为青、碧、绿色的汽车为木；颜色为黑、蓝色汽车为水；颜色为红、紫色汽车为火；颜色为黄、土黄色汽车为土。不同命理五行的人应该选择适合自己五行的颜色为宜。

为了和谐起见，如果新郎新娘能在挑选婚庆用车的国别和颜色上五行一致，那自然更好；但是往往不一致，比如新郎五行属金、新娘属水，那么，可以照顾新郎五行属金挑选美国车加长的凯迪拉克，而在车的颜色挑选上，照顾新娘的五行属水，挑选黑色的凯迪拉克，这样，两人五行都能兼顾。

三、婚庆用车的路线

婚礼用车选择线路是有相当风水讲究的。必须避开沿途有医院、寺庙教堂、官府机构、高压线、大烟囱以及各类严重的煞气之地。一个真实的故事，一位朋友的婚礼用车线路经过某医院，结果，非常不巧的是摄像机将一灵车摄进去了，结果婚后不久新娘就住院了，一直身体不佳。北京也曾有一对新人婚车经过南三环时，遭遇堵车，坐在第二辆车的岳父下车查看情况，却不料被头车突然倒车撞到，当场身亡。婚礼变成了葬礼。有心人后来发现事故现场附近是严重的剪刀煞和枪煞。

四、新人上下车的风水

从风水来看，头车人员的下车顺序也有讲究。新郎和新娘以一左一右分坐在婚礼头车后排座椅，伴郎一般坐在副驾驶位置，当头车到达婚宴场地时，首先是伴郎下车，从车尾绕至左后门替新郎开门，新郎再从车头绕至右后门替新娘开门，并搀扶新娘下车。这是基于"左青龙、右白虎"的风水考虑，不能颠倒。

五、婚车行程的摄像风水

摄像车在最前面，最讲究的就是要避免拍摄与喜庆格格不入的"大煞风景"的画面，否则，一不留神，很有可能导致一对新人日后麻烦多多。

六、婚庆用车要择日而行

择日而行不仅仅是考虑这一天日子不错，而是要考虑这一天是否与你的属相相冲。比如你属羊，而你选的这一天恰恰是冲羊，这样，就不适合你们婚车出行。

跋

　　风水学研究的对象是我们的环境，不管是我们身在屋宅还是在汽车里面，都受到风水的左右，因为这些环境和空间都会影响我们的行为和情绪。

　　汽车风水的好坏可以影响人的生命和财富，但好的汽车风水并不能完全保证你的平安和好运。任何的风水和谐都是一个完整的体系，当你经历了诸多周折，自己的爱车终于符合自己的八字、命理、五行等元素后，千万不要天真地认为，从此就可以保证安全、高枕无忧了，这样的想法未免太天真。出门时谨记安全二字，路上礼让小心，遵守交通规则，提高自身车技，而如果车主不把安全放在心里，那么你的汽车风水再好都没有用。

　　我们应当对自己的汽车就像对自己的居住环境一样，强调藏风纳气，人车和谐，这样，你才会风生水起好运来。

　　完成本书的最后写作后，我的内心充满了激动与感激之情。想到自己对汽车风水的见解就要与读者朋友们见面了，为更多朋友的购车、出行提供吉祥参考就无比欣慰。

　　在此，感谢张升明先生为本书提供的部分图片和编辑意见，更要感谢为本书的编辑和出版付出辛苦努力的朋友们！

欢迎与我们交流图书内容　E-mail：278885283@qq.com